授業で使える・

語彙力アップ・

小学校国語

漢字・熟語

ワーク

明治図書

赤堀貴彦 著

# はじめに

「漢字の指導に、時間をとることができない」
「漢字を学習しても、日常的に使うことに課題がある」
「漢字指導が、語彙力の向上につながっていない」

　こんな悩みを抱えている小学校の先生方は少なくないと思います。実際、十年以上小学校の教師をしている私自身がそうですし、私の周りの教師からも同じような話をよく聞きます。本書を書くきっかけは、そのような漢字指導の課題を、少しでも解決するためにできることはないかと考えたことでした。

　そもそもなぜ、小学校で漢字を学習するのか。学習指導要領にもその意味は書いてありますし、それぞれの先生方の思いもあるかと思いますが、私自身が考える究極の答えは、できないよりもできた方が、知らないより知っている方がいいからです。また、汚い字よりもきれいな字を書けた方が様々な場面で得をするからです。日本語を理解するためのツールとしてはもちろんですが、自分自身を表現する手段として、日本の伝統文化の一つとして、さらには様々な国の人々とつながるための武器としても、漢字の理解力や語彙力が果たす役割は大きいものだと考えます。

　令和二年度から、新学習指導要領が完全実施されます。主体的・対話的で深い学びやカリキュラム・マネジメントの確立など、今この瞬間の学びだけでなく、子どもたちが何を学んだのか、学んだことをこれからの生活にどう生かすのかをこれまで以上に明確にすることが求められています。小学校の国語科に限っても、知識及び技能について

の表記がはじめにおかれるようになり、「何ができるようになったか」をより確かなものにしなければならなくなっています。そんな中、学校現場の教師に求められる指導内容は、以前よりも多種多様になっています。漢字の指導、語彙の指導に関しても様々な工夫が求められています。

　それらの課題に対応するため、本書には以下の特長があります。

**①短時間で使えること**

　短時間で、効率よく、日常的に取り組めます。

**②語彙力の向上につながること**

　様々な漢字、言葉にふれることで、言葉の意味を理解し、語彙力を向上させることができます。

**③言葉の面白さを感じられること**

　これが一番。漢字を様々な視点から見ることで、言葉の面白さを実感することができます。

　また漢字指導が苦手な先生、若手の先生にも取り組みやすいよう、それぞれのワークシートの説明ページも作成しました。

　本書の学習を通して、子どもたちが漢字や言葉それ自体の学習の楽しさに気づくとともに、多くの先生方にも漢字指導の楽しさに気づいていただければと思います。また、本書をきっかけとして、「もっとこんなふうにすればよいのではないか」「こんな授業ともつながるか」など、新しい指導のアイデアが生まれ、より充実した漢字指導が展開され、子どもたちの語彙力の向上につながれば、著者としてこの上ない喜びです。

赤堀　貴彦

# 本書の使い方

本書は、短時間で効率よく漢字指導、語彙指導ができるよう作成してあります。説明ページとワークシートページが見開きになっていて、実際に子どもたちが取り組むワークシートを見ながら、伸ばしたい力や指導の流れが確認できるという形になっています。

## ①説明ページについて

説明ページには、先生方がねらいをもって、また効率よく指導を展開するために必要なことを書きました。説明ページを読み、指導の流れをイメージしたうえで、子どもたちをワークシートに取り組ませていただければと思います。

### 教材名

光村図書出版発行の平成三十年度用教科書に掲載の教材名がもとになっています。該当教材がない場合、「なし」と表記してあります。

### タイトル

子どもたちが何について学習するのか意識しやすいようにしました。

### 所要時間と使用場面

所要時間は、私の経験から設定したものなので、子どもたちの実態に合わせて設定してください。ある程度で区切って緊張感をもたせることも効果的ですし、多くの考えを出したい場合は延長するのも効果的です。

使用場面も限定するものではなく、あくまで参考程度で構いません。

## この活動で鍛えたい語彙力

様々な指導も、目的が明確でないと意味がありません。問題の意図を明確にし、指導に役立てていただければと思い、書きました。語彙力というのは、一言で説明できるものではなく、多岐にわたるものです。よって、語彙力の一部として、その学習にどんな意味があるのかを考えました。

## 活動の手順

短時間で子どもたちが興味をもって漢字の学習に取り組めるよう、私自身の経験をもとにしながら、活動の手順を設定しました。子どもたちとの会話に関しては、もっと目の前にいる先生方の方がもっと活発にできるのではないかと思います。

## ②ワークシートページについて

子どもたちが集中して問題に取り組むとともに、確実に漢字を覚えられるよう工夫をしてあります。

答え合わせに関しては、子どもたちとその場で行うことが最も効果的だと思いますが、実態によって柔軟に対応してください。

また、使う順序はそれぞれの学校の教科書や子どもたちの実態に合わせてに使用ください。

JN032705

# CONTENTS

## 1年

# ②年

**3** 年

**4**年

# ⑥年

1年　教材名：かずと　かんじ

# 1 かんじで　かずを　かこう　その1

所要時間　5分
使用場面　数を表す漢字で、様々な読み方があることについて学習した後。

## ●この活動で鍛えたい語彙力

　数を表す漢字は、小学校の漢字の学習の始まりで習うことが多いです。比較的画数が少ないこと、児童にとって身近なものであることから、児童が意欲的に学ぶことができるという利点もあります。正しく書き、正しく読むことで、数を表す語彙の力を伸ばしていってもらいたいものです。

## ●活動の手順

### ①どんな漢字があったかな（2分）

　これまでに学習した数を表す漢字を教科書や漢字ノートなどを使いながら振り返ります。その際、必ず声に出すようにします。

### ②漢字を空書きしよう（1分）

　これまでに学習した漢字を空書きをします。

### ③問題を解こう（2分）

　ワークシートの問題を解き、発表させます。教師は机間指導しながら、○つけをしていきます。児童には、板書をさせてもらってもよう。その場合、大きくはっきり書かせるようにします。

くみ　なまえ

★ □に かんじを かきましょう。

おりがみ ☐ まい

くるまが ☐ だい

いぬが ☐ ひき

おかしが ☐ こ

おにぎり ☐ つ。

★ かいたら こえに だして よみましょう。

# ❷ かんじで　かずを　かいて　その２

> 所要時間　５分
> 使用場面　数を表す漢字、様々な読み方があることについて学習した後。

## ● この活動で鍛えたい語彙力

前回に続いて数を表す漢字の学習を進めていきます。今回は、はじめに前回までに学習した内容を振り返ることで、数と漢字のつながりをより確かなものにしていきます。また、下につく言葉によって読み方が変わる（例　ろく、ろっ）ということにも気づかせるように、書き方だけでなく、読み方を理解する力を伸ばしていきます。

## ● 活動の手順

### ① どんな漢字があったかな（２分）

前回の問題を掲示し、全員で読みます。

T　どんなことに気をつけましたか。

C　数の下についている言葉に気をつけました。

### ② 問題を解こう（２分）

ワークシートの問題を解きます。教師が机間指導しながら、○つけをします。

### ③ １から十までつなげて言ってみよう（１分）

前回のワークシートと合わせ、つなげて全員で読んでいきます。

なまえ

★ □に かんじを かきましょう。

みかんが 〔ご〕 こ

だいこん 〔なな〕 ほん

おさらが 〔はち〕 まい

プリンが 〔きゅう〕 こ

ともだち 〔じゅう〕 にん。

★ かいたら こえに だして よみましょう。

15

１年　教材名：くじらぐも

# ③ おはなしに でて くる かんじ

所要時間　１０分
使用場面　「くじらぐも」の学習が終わった後。

## ●この活動で鍛えたい語彙力

　漢字は、文章を書くときに使うことで実用性が伴い、本来の機能を発揮します。今回は、お話に出てくる漢字の問題を解き、文章の中でどのように使うかを理解することで、文章を構成する一つとして漢字を理解していきます。

## ●活動の手順

### ①問題を解こう（５分）

　「問題の文は声に出してもらうです」「前や後ろの言葉に気をつけましょう」などと前置きをして、文章の中にある言葉を意識させるようにします。

### ②答え合わせをしよう（２分）

　教師が机間指導しながら、答え合わせをしていきます。

### ③声に出して読もう（３分）

　ワークシートを見ながら声に出して文章を読みます。

　Ｔ　覚えている漢字がたくさんありました。忘れないようにもう一度、皆さんで読んでおきましょう。

**3** おはなしに でて くる かんじ

くみ　なまえ

★ □には かんじを、（ ）には かんじの よみかたを かきましょう。

① 青[あお]い 空[そら]が ひろがる。

② （天）じょうまで 手が とどく。

③ 仲[なかま]の 里[り]と あそぶ。

④ （大きな） いえを たてる。

⑤ たのしい 男[おとこ]の こだ。

１年　教材名：しらせたいな、見せたいな

## ④ しらせる 文で つかう かんじ

### ● この活動で鍛えたい語彙力

　徐々に漢字の学習に慣れ、漢字への興味・関心も高まってくる頃です。新しい漢字を覚えたいという前向きな意欲を確かな語彙力につなげていくために、「観察カードを書くときにも使えないかな？」と他教科にもつながる視点をもたせながら、漢字を理解させていきます。観察文を書くときに、どのように使うのか、どの漢字が使えるかを、文という形式の問題文で学習していきます。

### ● 活動の手順

①どんな場面で使えるかな（２分）

　漢字は、国語の時間以外で、どこで使えるかを発表させます。

　Ｔ　漢字は、国語の他にどんな場面で使えますか。

　Ｃ　生活科で使えます。観察文を書くときに使えます。

②問題を解こう（２分）

　文章を声に出して全員で読んでから、問題を解いていきます。

③間違えやすい漢字（１分）

　教師が机間指導で気づいた間違えやすい漢字を伝えます。

　全員の○つけができなかった場合は、ワークシートを教師が集めます。

# 4 しらせる 文で つかう かんじ

★ 文しょうの ～～を かんじに かきなおしましょう。

がっこうの いけで、とんぼを みつけました。

からだは、あおいろで、はねが よんまい ありました。

めは、とても ちいさくて、くろいろでした。

てで つかまえようとしたら、そらに にげて しまいました。

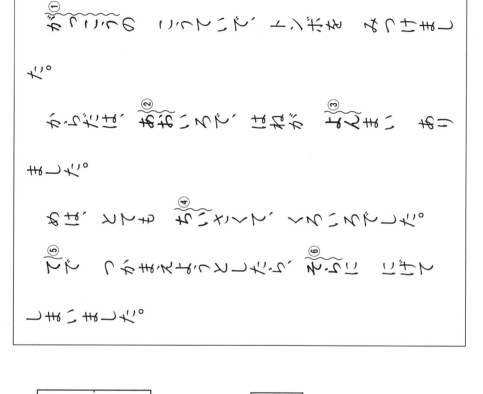

①　▢▢

②　▢

③　▢

④　▢

⑤　▢

⑥　▢

1年　教材名：かん字の　はなし

# ⑤ あんごう文を　かんせいさせよう

| 所要時間 | 5分 |
|---|---|
| 使用場面 | 漢字の成り立ちについて学習した後。 |

## ● この活動で鍛えたい語彙力

　1年で学習する漢字には、象形文字や指事文字が多く含まれており、漢字の由来に焦点を当てて学習するのに適しています。今回は、ものの形からできる漢字を推測し、暗号文を解く活動をすることで、漢字そのものではなく、その由来に目を向けさせ、漢字の成り立ちへの興味を伸ばしていきます。

## ● 活動の手順

### ①どんな漢字になるのかな（一分）

　教科書教材で学習したものの形からできた漢字を想起します。

　T　ものの形からできた漢字を黒板に書きましょう。

### ②暗号文を完成させよう（二分）

　□の中に漢字を書かせます。教師は机間指導しながら、○つけをしていきます。

### ③答えを確認しよう（二分）

　答えを確認し終わったら、声に出して読みます。

　C　読んでいたら、自分でもつくってみたくなりました。

　T　いいですね。やってみましょう。

　意欲を学習につなげるのもよいでしょう。

★ かん字を　よみながら、あとにつづく文しょうを、じゅんに出してならべてみましょう。また、あいている文しょうを、かん字を見つけてかきましょう。

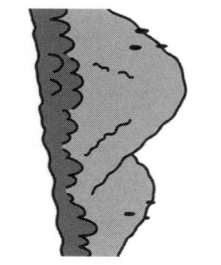

③ [　]
② [　]
① [　]
⑤ [　]
④ [　]

ひるやすみに　ひろくんは　けんとくんと　①川の　中を　とおって　②川ぎしの　③川の　中の　石を　とって　④手で　とって　⑤手で　なげました。　④手が　つめたく　なって　あたたかく　なるまで　あそんで　かえりましたとさ。ふん。

★ ひろくんが　おしえてくれる　あいことばが　文に　なります。□の　かん字の　よみがなを　かきましょう。

[　　　　　　　　　　　　　]

へん
なまえ

5 あたらしく
かんじをかく

１年　教材名：日づけ　よう日

# ⑥ 日づけを 正しく しろう

```
所要時間　５分
使用場面　日づけの読み方について学習した後。
```

## ● この活動で鍛えたい語彙力

　日付は、児童にとって最も身近な言葉の１つです。学校生活の中でも毎日使うものだからです。今回は、日付の言い方について問題を解くことで、身近な漢字を意識するだけでなく、漢字の中には、組み合わせによって読み方が変わることがあることも理解していきます。

　今回のような日常使う漢字は、この活動で終わることなく、毎日継続して習得していくことが大切です。

## ● 活動の手順

### ①日付の言い方を確認しよう（一分）

　授業の中で確認した日付の言い方を確認します。漢字を見ながら声に出して読むようにします。

### ②問題を解こう（二分）

　正しい字で、丁寧に書くように声かけをします。

### ③答え合わせをしよう（二分）

　(三) の問題に関しては、１年の行事には、他に何があるのかを確認し、その日も声に出して読むようにします。

# 日づけを 正しく いおう

(Ⅰ) 日づけを よく 正しい よみかたは どちらでしょうか。正しい ほうに ○を つけましょう。

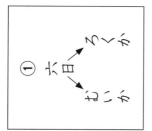

① 六日 → むいか / ろくか

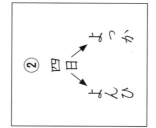

② 四日 → よっか / よんひ

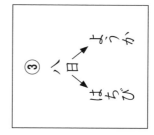

③ 八日 → ようか / はちび

(Ⅱ) つぎの よみかたの 日づけを かん字に なおしましょう。

① ここのか

② ふつか

③ ついたち

(Ⅲ) つぎの 日づけを 正しく よんで、その日の ぎょうじと せんで むすびましょう。

（　　　）　　　（　　　）　　　（　　　）

① 三月三日　　② 五月五日　　③ 七月七日

●　　　　　　●　　　　　　●

●　　　　　　●　　　　　　●

こどもの日　　ひなまつり　　たなばた

# 7　いろいろな　よみかたを　つかおう

所要時間　10分
使用場面　一年生の漢字の学習が終わる頃。

## ●この活動で鍛えたい語彙力

　漢字には様々な読み方があります。漢字の学習を進めていくうちに、児童も新しい読み方に触れ、「どうして違うのかな？」「他にはないのかな？」と思い始めるでしょう。そこで、今回のような活動に取り組み、読み方が様々あることで、意味も違ってくることを理解し、より漢字の理解を確かなものにしていきます。

## ●活動の手順

### ①いろいろな読み方がある漢字（一分）

　複数の読み方がある既習の漢字を提示し、どんな読み方があるか確認します。

### ②問題を解こう（３分）

　ただ単に「問題を解こう」と言うのではなく、「かんじたんてい」（他に「かんじはかせ」「ミスターかんじ」など）になろう、などと教師が言って始めると、児童も意欲的に取り組みやすいでしょう。

### ③答えを確認しよう（６分）

　今回は、下の段で様々な答えが出てくることが考えられるので、数人発表させて、あとはワークシートを集めて、教師が確認します。

# 7 いろいろな よみかたを つかおう

★ 〜〜の 正しい よみかたに ○を つけましょう。○を つけたら、もう 一つの よみかたを つかって 下に ことばを つくりましょう。

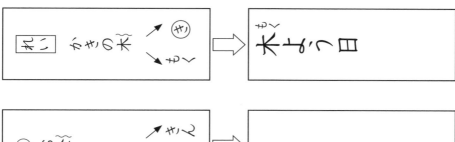

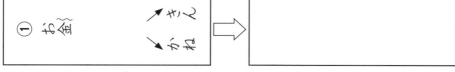

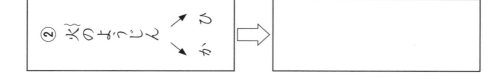

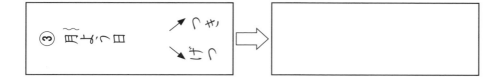

# ❽ にて いる かん字に 気を つけよう

> 所要時間　8分
> 使用場面　一年生の漢字の学習が終わる頃。

## ● この活動で鍛えたい語彙力

　漢字の学習に慣れてくるこの時期は、漢字の間違いも増え始めます。そこで今回は、似ている漢字を間違えずに書く力をつけます。形が似ているからこそ、漢字の学習を始めた児童が間違えたり、書き忘れてしまう部分があったりします。答えを書くときにも、丁寧に書くよう指導します。また、教室内に正しい漢字を掲示するなどして、常に意識できるようにすることが大切です。

## ● 活動の手順

### ①今までの間違いを振り返る（3分）

　これまでの漢字の学習を振り返り、間違えやすい漢字を確認します。

　Ｔ　これまで学習した漢字で、似ている漢字はありましたか。

　Ｃ　「大」と「犬」を間違えたことがあります。

### ②問題を解こう（3分）

　教師は、形に気をつけながら書くように指導します。

### ③答えを確認しよう（2分）

　答えを板書します。形がはっきりわかるように、大きく書くようにします。

**8**

ことばを かきかえて かんじに

★ □に かんじを かきましょう。

① 田の ［　］（ひゃく）に ［　］（しん）あります。

② 木が ［　］（き）わに 大きな ［　］（は）が ある。

③ ［　］（ひ）が ［　］（め）の ほり、を かえます。

④ ［　］（に）を ［　］（み）じる。

⑤ ［　］（とん）が ［　］（ほ）して て く。

〔 こたえ なまえ 〕

一年　教材名：なし

# ❾ かん字の　なかまわけ

所要時間　６分
使用場面　一年生の漢字の学習が終わる頃。

## ● この活動で鍛えたい語彙力

　半年間漢字を学習してきた成果を生かしながら、漢字を決められた項目ごとに仲間分けする学習です。漢字の学習が進んできたからこそ、学習した漢字を使って遊ぶことができます。そしてその遊びが、さらなる興味へとつながるでしょう。「漢字の勉強の仕方って、こんなのもあるんだ」と児童に気づかせることで、漢字そのものの機能に加え、その応用性についても自覚させられたらというです。

## ● 活動の手順

### ①どんな仲間になるかな（２分）
　これまでの漢字の学習を振り返り、仲間の漢字を確認します。
Ｔ　「目」と「口」、これは何の仲間の漢字ですか。
Ｃ　顔にあるものです。

### ②問題を解こう（２分）
　漢字の意味を考えながら問題を解くよう、教師が声かけをします。

### ③答えを確認しよう（２分）
　答えを板書します。形がはっきりわかるように、大きく書くようにします。

★ 上に ある かん字を、なかまわけしましょう。

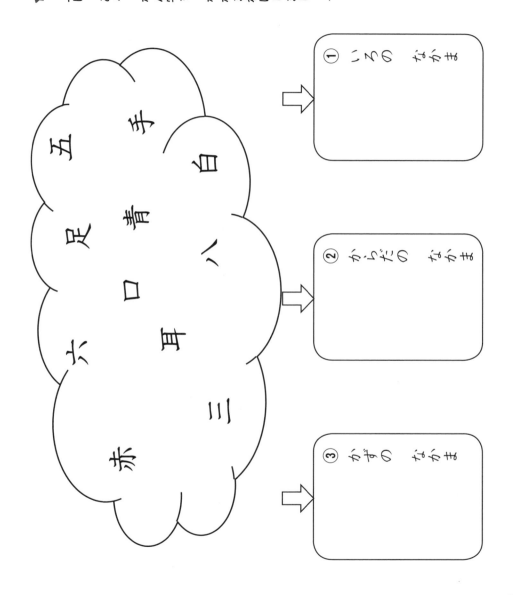

五　手

足　青　白

六　口　八

耳

三

赤

① いろの なかま

② からだの なかま

③ かずの なかま

1年　教材名：なし

# ⑩ よみかた しりとり

```
所要時間　6分
使用場面　一年生の漢字をすべて学習し終えた頃。
```

## ●この活動で鍛えたい語彙力

　漢字は、書く学習に重点が置かれることが多いですが、文章をスムーズに音読したり、文章の内容を正しく理解したりするためには、読む学習も大切です。今回は、漢字を正しく読む力を伸ばしていきます。ただ一つ一つの読みを取り上げるのでなく、今回はしりとりという形式にすることで、児童が興味をもって読みの学習に取り組めるようにするとともに、しりとりという形が一つのヒントになるようにしました。

## ●活動の手順

### ①しりとりのルール（1分）

　しりとりのルールについて、全体で確認します。
　また、読み方しりとりの例を教師が紹介します。

### ②読み方しりとりをしよう（3分）

　前の読み方の一番最後の言葉に注意するよう、教師が声かけをします。

### ③みんなで読もう（2分）

　みんなでしりとりをしながら、答えを確認していきます。ペアにのせてやるのもよいでしょう。

# 10 よみかた しりとり

★ つぎの かん字の よみかたは、しりとりに なって います。
よみかたを （ ）に かきましょう。

① （　　　）　十　→　（　　　）　上　→　（　　　）　円

② （　　　）　青　→　（　　　）　男　→　（　　　）　校

③ （　　　）　中　→　（　　　）　貝　→　（　　　）　糸

④ （　　　）　虫　→　（　　　）　下　→　（　　　）　竹

⑤ （　　　）　山　→　（　　　）　町　→　（　　　）　力

# 11 どんなに かけるよ

> 所要時間　６分
> 使用場面　１年の漢字の学習が終わった後。年度末最後の国語の学習の時間。

## ● この活動で鍛えたい語彙力

　１年生の漢字の学習も終わりを迎える頃には、漢字に興味をもつ児童がいる一方で、自信をなくす児童も出始めるでしょう。１年生になって学習する漢字が増える前に、漢字の理解に関して、自信をもたせたいところです。

　今回は、文章の中にある言葉を漢字に直す活動をすることで、文章の中での使われ方について前後の言葉を意識しながら理解するとともに、「こんなにたくさんの漢字を書けるんだ」という自信も伸ばしていきます。

## ● 活動の手順

### ①どんな漢字があったかな（一分）

　これまでに学習した漢字を教科書などを使いながら振り返ります。

### ②漢字を使って書こう（３分）

　はじめに全体で文章を声に出して読んでから、問題に取り組ませるようにします。

### ③答え合わせをして、みんなで読もう（２分）

　答え合わせをするとともに、平仮名だけの文章と漢字のある文章を見比べ、どちらが読みやすいか比較します。

くみ　なまえ

★ □の 中の カタカナの ぶぶんを かん字に かきなおしましょう。

---

おもい出

①シガツに ②シュウガッコウの ③イチネンセイに なりました。

④ロウカが は、⑤アメが たくさん ふったので、よく ⑥アシが ぬれました。

⑦シュウイチガツには、⑧キ□の 中で ⑨ムシを たくさん とりました。

⑩オトコの子も ⑪オンナの子も、なかよく なりました。

---

① (　　　　　　　)　⑦ (　　　　　　　　　　)

② (　　　　　　　)　⑧ (　　　　　　　　　　)

③ (　　　　　　　)　⑨ (　　　　　　　　　　)

④ (　　　　　　　)　⑩ (　　　　　　　　　　)

⑤ (　　　　　　　)　⑪ (　　　　　　　　　　)

⑥ (　　　　　　　)

# 12 いいなに おぼえたみ

所要時間　10分
使用絵描画　1年の漢字の学習が終わる頃。

## ●この活動で鍛えたい語彙力

1年の学習の集大成です。1年生で学習した漢字を正しく書いているか、多くの漢字を学習していますが、1年からの漢字の学習の量が多く、また数多く書けるように、自然な形で、書くことに慣れてくることが大切です。比較的画数が少ない漢字を見つけて、多く書いていきます。また数多く色々な進められた漢字だけでなく、確認していきます。

## ●活動の手順

### ①覚えた漢字をたくさん書く（5分）

ノートに今まで学習した漢字を制限時間内（3分）だけ書きます。1つの漢字で1画ずつと数えて、画数が多いほど気持ちが乗ってくるので、思い切りたくさん書かせます。また、正しい筆順で書くことも意識させます。

教師は、形や画数に気をつけて、1つ1つ進められているか見ていきます。

### ②いちばん学習した（5分）

既習の漢字1字を黒板に提示します。1年で学習するその漢字は、数か所に例えば赤字で書く箇所（1文字）、その漢字で賞を増やすで説明を加えます。まだ児童は黒板に提示する漢字1字を確認しながらあれば確認し、1回違えさえ書く。1文字になりながらに。

よう。

くみ　なまえ

★ 1年生で 学しゅうした かん字を、すべて かきましょう。

| | | | | | | | |
|---|---|---|---|---|---|---|---|
| 1 | 2 | 3 | 4 | 5 | 6 | 7 | 8 |
| 9 | 10 | 11 | 12 | 13 | 14 | 15 | 16 |
| 17 | 18 | 19 | 20 | 21 | 22 | 23 | 24 |
| 25 | 26 | 27 | 28 | 29 | 30 | 31 | 32 |
| 33 | 34 | 35 | 36 | 37 | 38 | 39 | 40 |
| 41 | 42 | 43 | 44 | 45 | 46 | 47 | 48 |
| 49 | 50 | 51 | 52 | 53 | 54 | 55 | 56 |
| 57 | 58 | 59 | 60 | 61 | 62 | 63 | 64 |
| 65 | 66 | 67 | 68 | 69 | 70 | 71 | 72 |
| 73 | 74 | 75 | 76 | 77 | 78 | 79 | 80 |

# 1 かずを あらわす かんじ

| 所要時間 | 6分 |
| --- | --- |
| 使用場面 | いろいろなテーマで順番に近しぶ学習活動をした後。 |

## ●この活動で鍛えたい語彙力

数を表す漢字は、1年生の既習事項です。「つ」や「はい」など、「いくつ」なのかを順番に表すための漢字を学ぶことで数を表す漢字へ書きかえるように、数量を表す漢字・語について理解したことがあるかについて、1年の学習をふり返り、数を表す漢字を書く活動を行うことにより、数を表す漢字の学習を改めて理解させます。

## ●活動の手順

### ①数を表す漢字を書く（2分）

まず、黒板に書かれた数字を見ながら、数を数えます。教師は書かせる前に、書く欄に、数を漢字で書いた数字を1組書いておきます。その次に（1）の数字を確認します。

### ②どちらが大きいかな（2分）

ワークシートにある問題（二）①を解きます。大きい数に〇をつけます。

### ③問題を解く（2分）

問題（二）②を解きます。その後、全体で答えを確認します。

T　いくつか確認しましょう。
C　〜。
これに、1年生の漢字の学習が始められますね。

# 1 かずを あらわす かん字

(1) すう字の 下に その かずを あらわす かん字を かきましょう。

| 1 | | 2 | | 3 | | 4 | | 5 | |
|---|---|---|---|---|---|---|---|---|---|
| 6 | | 7 | | 8 | | 9 | | 10 | |

(二) もんだいに こたえましょう。

① かずの 大きい ほうに ○を つけましょう。

三 と 五

七 と 四

九 と 五

② （　）には よみがな、□には かん字を かきましょう。

（　　　　）
・右から 三ばんめの トイレ。

・まえから □なな ばんめに ならぶ。

# 2 きせつを あらわす かん字

2年　教材名：なし

<table>
<tr><td>所要時間</td><td>10分</td></tr>
<tr><td>使用場面</td><td>季節を表す「春」「夏」「秋」「冬」の漢字を学習し終えた頃。</td></tr>
</table>

## ● この活動で鍛えたい語彙力

季節を表す漢字の学習を通して、生活経験と結びつけながら、多くの漢字の理解を確かなものにします。実際の風景や生活経験と結びつけることで、季節に限らず、さまざまな絵や言葉から多くの漢字や語彙を身につけていきます。季節の風景や生活経験を絵や言葉で表現することで、いろいろな語彙を身につけていきます。

## ● 活動の手順

### ① 正しく書こう（5分）

T　今から問題を解くプリントを配ります。季節を表す漢字を書きます。正しく書けましたか。書き終わったら、見直しをしましょう。

教師は、机間指導をしながら、なかなか書けない子への支援をしていきます。

### ② 季節の言葉を発表しよう（5分）

プリントで学習した、季節の言葉を発表しましょう。

T　夏といえば、どんな言葉がありますか。
C　かんれい。
T　そうですね。秋は。
C　なると、とれます。
T　そうですね。お米もあります。

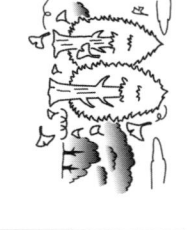

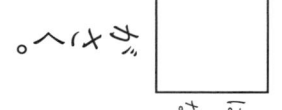

く出かける。

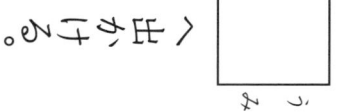

のをおよぐ。

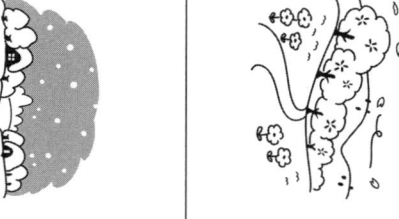

★ きせつを あらわす かん字を □に 書きましょう。

なまえ　　てん

**2年　教材名：なし**

## ❸　なにが　足りない

| |
| --- |
| 所要時間　6分<br>使用場面　「ふきのとう」や「春が　いっぱい」の学習後。 |

### ● この活動で鍛えたい語彙力

　漢字には、間違えやすい字が多くあります。漢字は正しく使ってこそ、正しい語彙力にもつながります。

　今回は、教科書に取り上げられてはいませんが、筆者自身が担任をしていて感じたことをもとに作問しました。その一つが、横画の多い字です。本数を間違えずに正しく書けるよう、継続的に指導しています。

### ● 活動の手順

#### ① 間違いを探そう（2分）

　黒板に書かれた字を見て間違いを探し、発表します。実際にあったミスなどを教師が紹介しながら説明すると、より興味をもって聞くようになります。

#### ② 正しい字に書き直そう（2分）

　何が足りないのかを意識しながら、（1）の問題を解きます。

　（2）の問題は、横画に注意しながら、文に合った漢字を書いていきます。

#### ③ 答え合わせをしよう（2分）

　教師が間違えやすい点を注意しながら、正解を確認します。

41

**3 なかまの かん字**

| なまえ | てん |
| --- | --- |

(一) 正しくない 字が あります。正しい 字に かきを 直しましょう。

① 兄 (み)（る）ア
② 口 め
③ 貝 (か)（に）

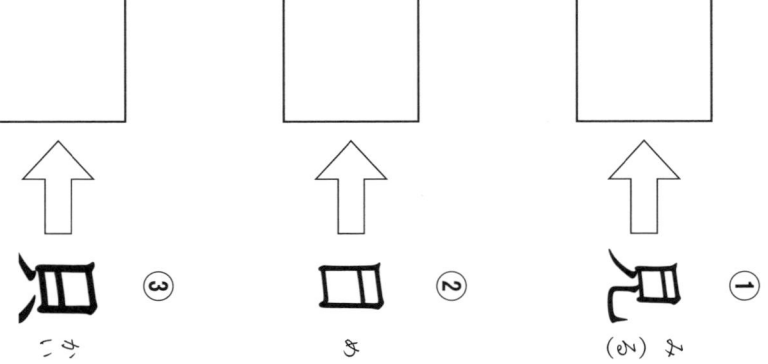

(二) つぎの かん字の まちがって いる ところを □の 中に 正しい かん字を かきましょう。

① しゃしんに かん字を かく。
か〔　〕

② 田の ジュースを のむ。
ちゃ〔　〕

③ こ□を □す。

2年 教材名：同じ ぶぶんを もつ かん字

## ④ 同じ ぶぶんに ちゅうもく！

```
所要時間　5分
使用場面　部首について学習した後。
```

## ● この活動で鍛えたい語彙力

　漢字の部首についての学習の始まりです。漢字には部首があることを意識し、同じ部首をもつ仲間の漢字が複数あることを理解し、部首という要素を通して漢字の理解を深めていきます。部首の学習の入門期であるからこそ、「他にもあるかな」「習っていないけど、知っている漢字はあるかな」など、教師からの積極的な声かけを大切にしたいところです。

## ● 活動の手順

### ①漢字クイズを出す（1分）

　「休」「作」を示して同じ部分を探させます。

　T　この漢字には、同じ部分があります。どこがそうかな。○をつけてくれる人はいませんか。

### ②問題を解く（2分）

　教師は机間指導しながら、○つけをしていきます。

### ③答えを確認し、気づいたことを発表する（2分）

　T　同じ部分をもつ漢字について、何か気づいたことはありますか。

　C　同じ部分があっても、読み方は違いました。

**4** 四 かん字の つかい分け・1

なまえ

こたえ

（一） 二つの かん字を 見て、同じ ぶぶんを 下の □に 書きましょう。

①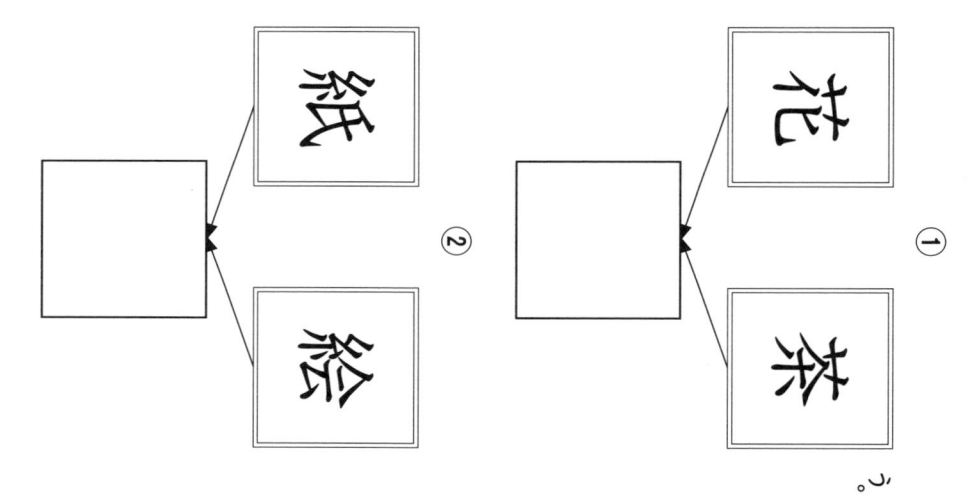

花　林

② 紙　絵

（二） □に ある ぶぶんを もつ かん字を 二つ 書きましょう。

①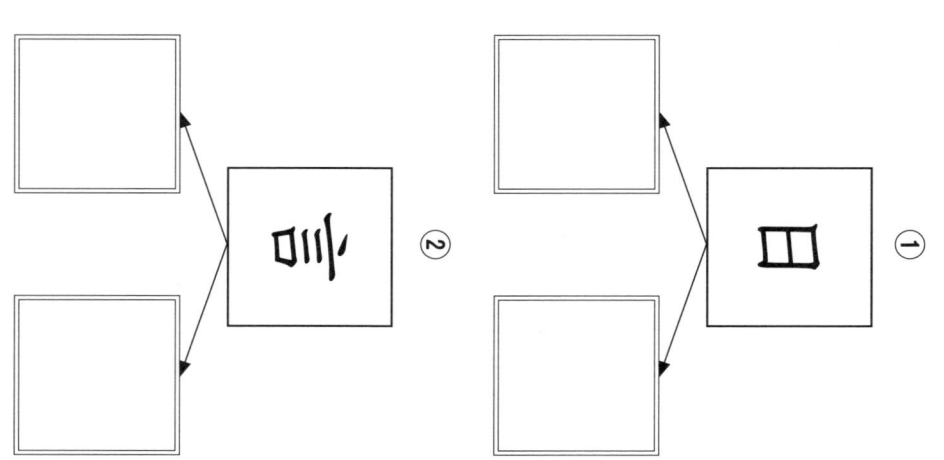

日

② 小

# 5 いろいろな読み方　その１

教材名：かん字の読み方

2年

所要時間　7分

使用教科書　漢字には、複数の読みがあることを学習した後。

## ・この活動で鍛えたい語彙力

漢字の中には、音読み、訓読みと異なる読み方をする漢字があります。複数ある漢字の読み方を正しく理解し、文章の中で正しく漢字を書くように、複数の読みの語彙力がつきます。

・しましょう。

## ・活動の手順

### ①どんな読み方をするかな（１分）

T　教師が黒板やプリントに、同じ漢字でも、違う読み方をするものがあります。この場合は、何と読みますか（音読み・訓読みなどの漢字の読み方の例から）。

### ②問題を解いて（３分）

T　それでは、読み方を注意して、正しい読み方を書きましょう。

### ③気づいたことを発表しよう（３分）

T　それでは、皆で答え合わせをしましょう。
T　（絵からわかる漢字を使った）読み方を書かせないと、気づかないかは

C　間違えないように、漢字が使われているような文を読みました。
　あのです。

# ５ いろいろな 読み方 その１

くみ　なまえ

★ ～～の 読み方を 下の □に 書きましょう。

(一) 音

○音読の しゅくだいを する。　□

●音を 出さずに ろう下を 歩く。　□

(二) 気

○しめり気の ある はっぱ。　□

●よく ねたので 気もちが よく なる。　□

(三) 空

○はこを あけたら、空っぽだった。　□

●空を 見上げる。　□

(四) 体

○体いくの じゅぎょうが すきだ。　□

●体を うごかす。　□

(五) 生

○道に しょくぶつが 生える。　□

●生きものを かんさつする。　□

2年　教材名：カンジーはかせの大はつめい

# ⑥ 合体かん字

```
所要時間　7分
使用場面　漢字の構成についての学習をした後。
```

## ● この活動で鍛えたい語彙力

　漢字そのものへの興味を高めるために、漢字の部分に焦点を当てます。単独でも意味を成す漢字が合体して、別の漢字ができることに気づくことで、漢字の構成に目を向けるとともに、一つでも多くの習得を目指します。

## ● 活動の手順

### ① 合体漢字のしくみ（一分）

　合体漢字の意味を聞き、つくり方を理解します。

T　今回は合体漢字の問題を解きます。

　合体漢字というのは、ある漢字とある漢字をくっつけてできる、別の漢字です。

### ② 問題を解こう（3分）

　それぞれの部分をよく見て解くよう、教師が声かけをします。

### ③ 他にもあるかな（3分）

　既習の漢字で、他にも思いつく合体漢字があれば、発表します。

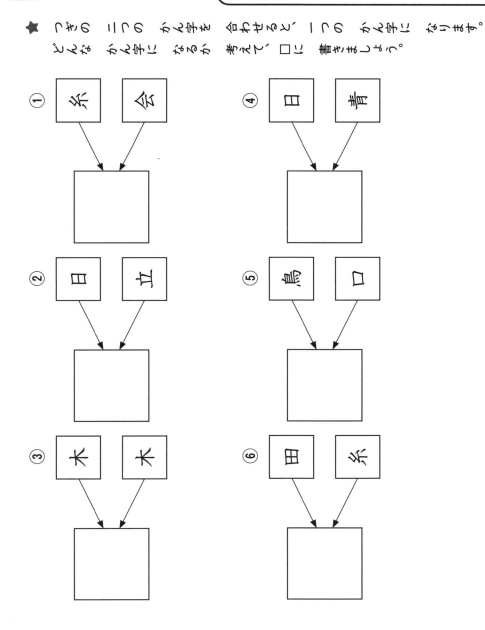

★ つぎの 二つの かん字を 合わせると、一つの かん字に なります。
どんな かん字に なるか 考えて、□に 書きましょう。

① 糸 会 →

② 日 立 →

③ 木 木 →

④ 日 青 →

⑤ 鳥 口 →

⑥ 田 糸 →

2年 教材名：お手紙

# 7 お話に 出て くる かん字

所要時間　6分
使用場面　「お手紙」の学習中や学習後。

## ● この活動で鍛えたい語彙力

　物語「お手紙」に出てくる漢字をメインとした問題です。物語文の中には、多くの漢字があり、漢字を読むこと、書くことを学習する機会としてはとてもよいでしょう。それは、漢字そのものの学習ということに加え、物語の中での使われ方、前後の言葉とのつながりなども意識するようになり、文の中での漢字の使い方を身につけることが期待できるからです。漢字を読むこと、書くことを通して、文章に合わせて漢字を使う力を伸ばしていきます。

## ● 活動の手順

### ①どんなお話だったかな（一分）

　「お手紙」がどんなお話だったか思い出します。

### ②問題を解こう（3分）

　T　「お手紙」には、どんな漢字が出てきましたか。

　C　「手紙」。他にも、友達の「友」とか。

　問題を予想することで、児童の意欲につなげます。

### ③答え合わせをしよう（2分）

　実態に応じて、隣の児童同士で交換して、○つけをさせてもよいでしょう。

(一) かん字を 書きましょう。

① お [て　がみ] を まつ。
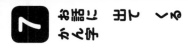

② だんごの [じ　かん] に まに合う。
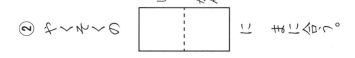

③ [しん　ゆう] と あそぶ。
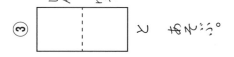

④ [まい　にち] 学校へ 行く。

⑤ 家へ [かえ]る。

(二) 読み方を 書きましょう。

① 道で 何かを ひろう。　　　　　　（　　　　　）

② 家から とび出る。　　　　　　　（　　　　　）

③ げんかんの 前に すわる。　　　　（　　　　　）

# ❽ いろいろな　読み方　その11

> 所要時間　5分
> 使用場面　二年生までの配当漢字の学習を終える頃。

## ● この活動で鍛えたい語彙力

　同じ漢字のもつ様々な読み方に焦点を当てて、学習します。様々な文に触れる中で、同じ漢字でも、文章の中での使われ方によって読み方が変わってくることを児童も実感する時期でしょう。そこで、前後の言葉に注意しながら、読み方を確認する問題を解くことで、文章の中で正しく漢字を使う力を伸ばしていきます。

## ● 活動の手順

### ①間違いを探せ（一分）

T　（「高らし」など間違った読み方を提示し）これで合っていると思うんだけど。

C　だってね、それだと後ろの言葉と合わないよ。

文章の中での使われ方や、送り仮名に注目した意見を教師が賞賛します。

### ②問題を解こう（二分）

T　正しい読み方をするには、どんなことに気をつければいいかな。

C　どんな文かを見たり、送り仮名に気をつけたりすればいい。

### ③答え合わせをしよう（二分）

　全体で答え合わせをした後、問題文をすべて音読します。

くみ　なまえ

★ ～～の かん字の 読み方を （ ）に 書きましょう。

① 読

（　　　　　）

本を 読む。

（　　　　）

音読の しゅくだい。

② 形

（　　　　　）

丸い 形の ケーキ。

（　　　　）

三角形を かく。

③ 大

（　　　　）

大きな 家に すむ。

（　　　　　）

マラソン大会に 出る。

（　　　　）

大すきな りょう理。

④ 何

（　　　　）

何回も なわとびを とぶ。

（　　　　）

何を するか 考える。

⑤ 音

（　　　　）

音楽で ピアノを ひく。

（　　　　）

雨の 音が よく 聞こえる。

⑥ 月

（　　　　　）

クリスマスは 十二月だ。

（　　　　）

月が きれいな 夜。

（　　　　）

月曜日に なる。

51

# その かん字 あっているかな？

| | |
|---|---|
| 所要時間 | 7分 |
| 使用場面 | 1年生までの配当漢字の学習を終える頃。 |

## ●この活動で鍛えたい語彙力

私自身がよく間違えるのが、上から下へ書くのが正しい形の漢字を、下から上に書き取ってしまう漢字です。一画一画、正しい形の漢字を取り上げて、総画数に気をつけながら使いたいものがあるかどうかを考え、直接的に語彙力がつくわけではないですが、三画目は、複数の画の方向がある間違えやすい漢字を書き上げることにつながります。

## ●活動の手順

### ① 問違いを探す （2分）

教師が間違った書き方を提示して、児童がその間違いを発表します。

CT ○画目がどうなっている漢字はなぜいけないのか、などがあるといいですね。

### ② 問題を解いて （3分）

一画一画丁寧に書いて、教師が書きます。

### ③ 教え合わせ （2分）

教師が解説したのちに、児童が注意することを発表したりします。

くみ　なまえ

★ 上の □に 書かれた かん字には、まちがいが あります。
下の □に 正しい かん字を 書きましょう。

● ななめに 書いて いるのかな。　　● 1画で 書いて いるのかな。

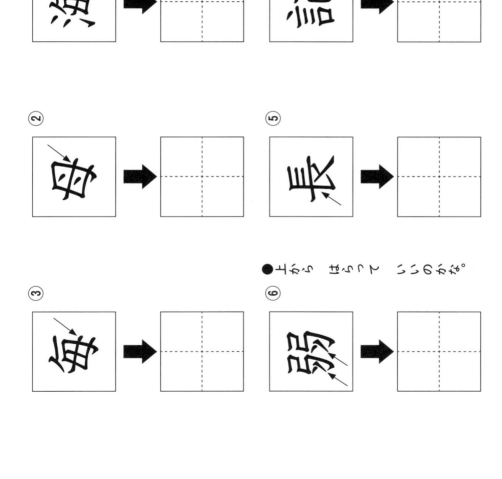

① ➡

② ➡

③ ➡

④ ➡

⑤ ➡

● 上から はらって いるのかな。

⑥ ➡

2年　教材名：なかまのことばとかん字

# ⑩ 同じ　なかまの　かん字

所要時間　7分
使用場面　言葉の仲間分けについての学習後。

## ● この活動で鍛えたい語彙力

　言葉の仲間分けについての問題です。既習の漢字を増えてきて、その意味に注目してみると、同じ仲間になる漢字も出てきます。今回は、その仲間分けを意識しながら問題を解くことで、漢字には一文字一文字意味があり、文で使うときにはそのことにも注意しながら使う必要があることを意識できるようにしていきます。

## ● 活動の手順

### ① これはどんな仲間かな（2分）

　教師が仲間分けできる言葉を紹介し、どんな仲間かを児童が答えます。

T　バス、トラック、タクシー、これはどんな仲間ですか。
C　車の仲間です。
T　正解です。なんと漢字も仲間分けできるものがあります。

### ② 問題を解こう（3分）

　読み仮名をよく読んで間違えずに書くよう、教師が声かけをします。

### ③ 答え合わせをしよう（2分）

　仲間の漢字が他に思いつけば、発表します。

**同じ　なかまの　かん字**

なまえ　しみ

★ かん字の いみで なかまに 分けました。□に くる かん字を 書きましょう。

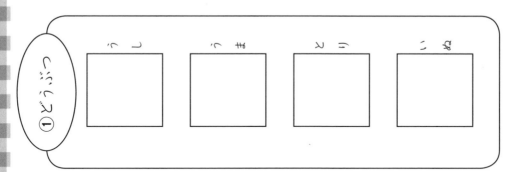

**① どうぶつ**

| うし | うま | とり | いぬ |
|---|---|---|---|
| □ | □ | □ | □ |

**② 家ぞく**

| あに | いもうと | ちち | あね |
|---|---|---|---|
| □ | □ | □ | □ |

**③ 方角**

| にし | きた | ひがし | みなみ |
|---|---|---|---|
| □ | □ | □ | □ |

2年　教材名：なし

# 11 かん字の しりとり

> 所要時間　6分
> 使用場面　二年生の学習のまとめの時期。

## ● この活動で鍛えたい語彙力

二年生までに学習した漢字だけでも一〇〇字以上あり、熟語を書く機会も増えるでしょう。そこで今回は同じ漢字でしりとりをし、漢字の使い方についての理解を深めることをねらいとしました。

## ● 活動の手順

### ①漢字のしりとり（一分）

「算数」→「数字」など、熟語を使った漢字のしりとりのやり方を教師が例示しながら、全体で確認します。

### ②問題を解こう（三分）

上の一字めと下の一字めが同じ字になることに注意しながら、問題を解くよう、教師が声かけをします。

### ③答えを確認しよう（二分）

答えを確認した後で、他に思いつくものがあったら、発表をせます。

# 11 かん字の しりとり

★ つぎの ことばは、〜〜が 同じ 読みかたを します。見て、かん字の よみがなを 書きましょう。

くみ

なまえ

こたえ

① おん
くん ← ほん
し

② はな
こ ← こうじょう
か

③ はな
こ ← たか
み
が

④ こ
いえん ← えん
ちょう

⑤ ほん
こ
ま ← ほん
し

2年　教材名：なし

# ⑫　かんさつカード

所要時間　5分
使用場面　生活科の授業で観察カードを書くとき。

## ●この活動で鍛えたい語彙力

　教科横断的な視点で漢字の問題を解いていきます。国語科で学習するだけでは、児童もなかなか漢字の必要性を自覚しにくいものです。他の教科でも漢字を使えることを自覚することで、より漢字の必要性に気づかせましょう。また、学習した漢字を予想以上に多く使う場面に気づかせることで、漢字を正しく使おうとする意識や漢字の意味についての理解を深めていきます。

## ●活動の手順

### ①観察カードを書こう（一分）

　観察カードを書くときの注意を全体で確認します。

　T　観察カードを書くときには、どんなことに気をつけて観察しますか。

　C　色や形を見ます。

　C　何に似ているか考えることもいいと思います。

### ②問題を解こう（3分）

　文をよく読んで、文の意味を考えながら解くよう、教師が声かけをします。

### ③答え合わせをしよう（一分）

　答え合わせをしながら、漢字の意味、言葉の意味も確認します。

# かんじテスト **12**

③
②
⑤
①
④

★ □の かたかなで かいてある ことばを かん字に 書きなおしま
しょう（かん字）から えらんで 書く ものも あります。

こたえ
へ
み
なまえ

①ミニトマトの なえを かってきました。ミニトマトは

②10センチぐらいでした。それから

③だんだん 大きく なりました。その なつ

④はなが さいて きました。花は きいろ

⑤できて いて、ちいさくて、かわいかったです。

は、まっかに なったので、たべて みました。

とても おいしかったです。

**3年　教材名：国語辞典のつかい方**

# ① 国語辞典のつかい方をせつ明しよう

> 所要時間　7分
> 使用場面　国語辞典の使い方について学習をした後。

## ● この活動で鍛えたい語彙力

国語辞典の学習と漢字の学習を関連させた問題です。実用場面で漢字を使えなければ本当の理解と言うことはできません。国語辞典の使い方について学習をするので、辞典の引き方を確認しながら、漢字の問題を解き、実際の場面でどのように漢字が使われているのかを実感させていきたいというねらいです。

## ● 活動の手順

### ①国語辞典の使い方を振り返ろう（2分）

国語辞典の使い方で大切なことを振り返ります。五十音順、見出しなど。

T　国語辞典はどのように引きますか。

C T　一番はじめの字を見ます。

T　国語辞典の引き方を学習したときに、索引や見出しなどいろいろな言葉が出てきていましたね。

### ②国語辞典の使い方を、漢字を使った文で説明しよう（3分）

読み仮名に注意しながら、漢字を書いていきます。

### ③書に出して読もう（2分）

説明を読みながら、国語辞典の引き方を確認します。

組　名前

★　□に漢字を入れて国語辞典の使い方をせつ明する文をかんせいさせましょう。

① 国語辞典には、見出し語、[漢字]での書きあらわし方、言葉の[いみ]、言葉のつかい[方]がしめされている。

② 見出し語をさがす。見出し語は、[じゅう音]順にならんでいる。

③ 「は・ひ」のような清[音]の[あと]に、

「ば・び」のような濁[音]、

濁[音]の[あと]に、「ぱ・ぴ」のような

[はん]濁[音]の順[ばん]でならんでいる。

61

**3年　教材名：漢字の音と訓**

# ❷ 漢字の音と訓

> 所要時間　10分
> 使用場面　漢字の音と訓について学習した後。

## ● この活動で鍛えたい語彙力

　漢字の音読みと訓読みを取り上げます。漢字には、中国由来の音読みと、日本独自の訓読みがあります。漢字に親しむ方法の一つとして、この音と訓の読み方の違い、使われ方の違いを理解することがあります。それらを理解させるために、ただ読み方を書くだけでなく、読み方の違う言葉を書く問題にも取り組ませます。

## ● 活動の手順

### ①音と訓の違いについて振り返ろう（2分）

　教科書を参考にしながら、学習したことを振り返ります。

### ②問題を解く（4分）

　T　音読みと訓読みの違いを思い出しながら問題を解きましょう。

　「音読み」「訓読み」という言葉を繰り返し使い、国語の語彙を増やすようにします。

### ③問題の他にある、音と訓のある漢字を発表する（4分）

　教科書や漢字辞典をヒントにして、様々な言葉を発表します。朝や帰りの会など、授業以外の時間で発表するのもよいでしょう。

# 2　漢字の音と訓

（一）次の漢字の、「音」の読み方、「訓」の読み方をそれぞれ書きましょう。

① 草　音（　　　　　）　訓（　　　　　）

② 友　音（　　　　　）　訓（　　　　　）

③ 父　音（　　　　　）　訓（　　　　　）

④ 車　音（　　　　　）　訓（　　　　　）

（二）「遠」の漢字を使って、「音」の読み方をする言葉と、「訓」の読み方をする言葉を考え、文を書きましょう。

（例）山→　音　ふじ山にのぼる。　訓　山のぼりに行く。

遠→

音　[　　　　　　　　　　　　　　　　　　　]

訓　[　　　　　　　　　　　　　　　　　　　]

# 3 夏休みの絵日記

使用場面｜学期末、夏休みの宿題を説明するときなど。
所要時間｜4分

## ■この活動で鍛えたい語彙力

夏休みは日記や作文など、文章を書く宿題が出ることがあります。今回は、文章を書くときにできるだけ多くの漢字を使えるようになることを目標にします。児童に自分が書いた文章をふり返り、漢字を使えているかを見直しながら、文章表現の中でできるだけ多くの漢字を使えるようにします。

## ●活動の手順

### ①どんな宿題があるかな（1分）

夏休みの宿題これからの発表します。文章を書く宿題を受ける児童が

### ②問題を解いていく（2分）

文章をよく読みながらな問題を解いていく。教師が声かけをします。

### ③それだけ使えるかな（1分）

照らし漢字一覧を提示して、使える漢字を全体で確認します。身近にあるものをそのつど、印刷して児童に渡すと、授業の効果的です。

| 組 | 名前 |
|---|---|

★ 三年生の男の子が二年生までに習った漢字を使って、日記を書きました。～～～のひらがなを漢字に直しましょう。

ぼくは夏休みに、①うみに出かけました。

はじめに②いわ③ばでかいをとりました。

次に、うみでおよぎました。うみの中には、たくさんのさかな④ながおよいでいました。なみはあったけど、⑤しょうがっこうでおよぎ方をならったので、こわくなかったです。

⑥よるは、海がんで⑦はなびを見ました。

⑧てんきもよく、気もちのいい一日でした。

| | |
|---|---|
| ① | ⑤ |
| ② | ⑥ |
| ③ | ⑦ |
| ④ | ⑧ |

# 4 自然を表す漢字

3年　教材名：里山と未来の風景

| | |
|---|---|
| 所要時間 | 10分 |
| 使用場面 | 自然を表す漢字を学習した後。理科の学習の後など。 |

## ●この活動で鍛えたい語彙力

漢字の学習は多く、三年生からは教科も増え、その関連でいくつもの漢字が増えていきます。今回は、理科の学習で習った三年生の漢字を扱います。三つの意味の違う同じ読み方の漢字を問題にしています。同じ読み方でも目的に応じて漢字を使い分けることが大切です。自然などは異なるいろいろな実例に触れることが理解を深めていくことにつながります。

## ●活動の手順

### ①理科の学習の振り返り（1分）

T　三年からは、理科の学習が始まりました。観察カードなども書きましたね。

C　はい。理科の観察をしました。

C　理科で、植物なども。

理科に対する意識を近づけていきます。

### ②問題を解く（5分）

三つの意味の違う同じ読み方の漢字を書いてみましょう。教師が音声などを読み上げます。

### ③書けたかどうか（4分）

答え合わせの後、既習漢字の中から、理科に使う漢字や熟語を確認します。

組　名前

★ ①〜⑤は（　）に〜〜〜の漢字の読みがなを、⑥〜⑩は□に漢字を書きましょう。

（　　　　　　　）
① 森林が広がる。

（　　　　　　　）
② 緑色の葉。

（　　　　　　　）
③ こん虫さいしゅうをする。

（　　　　　　　）
④ 近くの親水公園。

（　　　　　　　）
⑤ 川遊びをする。

⑥ 〔みなみ〕に出かける。

⑦ 〔きたがわ〕に住む生き物。

⑧ 〔そら〕に手をのばす。

⑨ 〔あき〕けが来る。

⑩ 〔ほし〕をながめる。

3年　教材名：つたえよう　楽しい学校生活

## ⑤ 話し合いの進め方

> 所要時間　7分
> 使用場面　話し合いの進め方について学習しているとき。

## ● この活動で鍛えたい語彙力

　話し合いの進行についての問題を解くことで、話し合いの場面で使われる「意見」「理由」などの言葉に親しむとともに、どの場面で出てくるのか、その順序についても理解していきます。円滑な話し合いを進めるために、それにかかわる言葉や順序を正しく理解することが大切だと考え、取り上げました。

## ● 活動の手順

### ① これまでの話し合いの振り返り（2分）

　T　今まで学級会などで話し合いをしたことがあると思います。どんなことに気をつけながら、話し合いを進めましたか。

　C　意見を最後まで聞く。わかりやすく説明する。などです。

　話し合いの際に出てくる言葉をできるだけ引き出します。

### ② 問題を解こう（3分）

　話し合いの順序に気をつけながら問題を解くよう教師が言葉かけをします。

### ③ 声に出して読もう（2分）

　答え合わせの後、声に出して読み、順序を確認します。他に加える項目があれば、それについての意見も発表します。

組　名前

★ あるクラスの話し合いのようすを説明しています。
　□に入る漢字を書きましょう。

① 司 [ かい ] を決める。

② 司かいに [ しかい ] されたら、[ じぶん ] の考えと、

考えた [ りゆう ] を言う。

③ 友だちの [ いけん ] と同じところ、ちがうところを言う。

④ さんせいや [ はんたい ] いけんを言う。

⑤ 司かいが話し合いをまとめ、[ けつろん ] する。

**3年　教材名：くんとつくり**

# ❻ 漢字の「くん」と「つくり」

> 所要時間　5分
> 使用場面　漢字のくんとつくりについての学習をしたとき。

## ●この活動で鍛えたい語彙力

　「くん」と「つくり」を取り上げます。「くん」も「つくり」も漢字を構成する要素であり、それらを正しく理解するには、言葉を正しく使い、語彙を広げるためには欠かすことができません。同じ「くん」の漢字を探したり、同じ「つくり」の漢字に仲間分けをしたりする活動を通し、漢字の意味を理解していきます。

## ●活動の手順

### ①漢字の「くん」と「つくり」について（一分）
　漢字の「くん」と「つくり」の違いや意味について、全体で確認します。
　T　漢字の「くん」と「つくり」はどう違いますか。
　C　「くん」は左側で、「つくり」は右側です。

### ②問題を解こう（二分）
　（１）は制限時間を三十秒つで、（１１）は一分時間をとります。

### ③他にはあるかな（二分）
　答え合わせの後、同じ「くん」「つくり」の漢字が他にあるか考え、発表します。

# 6 漢字の「へん」と「つくり」

組

名前

(1) 同じ「へん」をもつ漢字を書きましょう。

① 糸

② ごん

(2) 同じ「へん」をもつ漢字になかまわけしましょう。

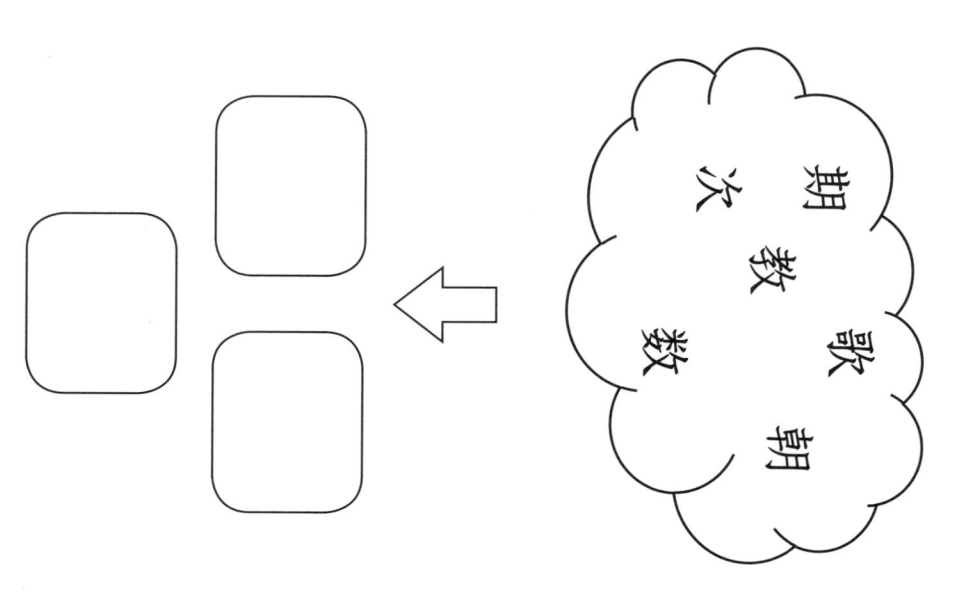

期　数　歌　朝　数　次

3年　教材名：ちいちゃんのかげおくり

# 7 お話に出てくる漢字

所要時間　8分
使用場面　「ちいちゃんのかげおくり」の学習をしているとき。

## ● この活動で鍛えたい語彙力

　「ちいちゃんのかげおくり」に出てくる漢字の中から、読み方や書き方を間違えやすい漢字を取り上げます。正しく読むことと書くことを関連させながら、学習の途中と終了後、両方のタイミングでやるとより効果的でしょう。お話に出てくる漢字をこのプリントで理解し、繰り返し音読の学習に取り組むことで、文の中での言葉の使い方についての理解を深めていきます。

## ● 活動の手順

### ①どんなお話かな（2分）

　「ちいちゃんのかげおくり」の内容について、全体で振り返ります。児童との会話の中でお話の中に出てきた言葉が出るように、聞き方を工夫します。

### ②問題を解いて（4分）

　速く正確に書くよう、児童に意識させます。

### ③声に出して読もう（2分）

　答え合わせの後、問題を声に出して読みます。声に出して読むことで、文の中での使われ方がより正確に理解できるようになります。

組　名前

（１）（　）に漢字の読みがなを書きましょう。

① いくつあるか数える。　　　　　　（　　　　　　　　　）

② 公園で遊ぶ。　　　　　　　　　　（　　　　　　　　　）

③ 暑い夏が来る。　　　　　　　　　（　　　　　　　　　）

④ 鳥のひなが後からついていく。　（　　　　　　　　　）

⑤ 部屋のそうじ。　　　　　　　　　（　　　　　　　　　）

⑥ お父さんとお兄さん。　　　　　　（　　　　　　　　　）

（二）□に漢字を書きましょう。

① 犬を ［お］ □ いかける。

② ［けいと］ □ を広げる。

③ ひざから ［ち］ □ が出る。

④ 川が ［ふか］ □ くなる。

⑤ 冬は、［さむ］ □ い。

## 8 同じ読み方と漢字の意味

3年　教材名：漢字の意味

| | |
|---|---|
| 所要時間 | 8分 |
| 使用場面 | 同音異義の漢字について学ぶときなど。 |

### ●この活動で鍛えたい語彙力

同音異義の漢字の使い方について理解を深めることができます。中学以上では、同音の漢字を書き誤るケースが増えてきます。様々な同音異義の漢字を問題にしていくことで、意味の違いはもちろん、文脈から意味を解く推測力をつけて、正しく学年ごとの漢字を使い分けられるようにしていきます。前後文脈を確かめることで、同音異義の漢字の使い方について理解を深めることができます。

### ●活動の手順

① 漢字が違う、ってどういうこと？（1分）
T 「□の中」「○の中」に、新しい漢字が生えますか。
C それは、おかしいです。
T そうですね。漢字が生えたら、□の中が漢字の森になっちゃう。

② 問題を解いていく（5分）
前後の文に注意しながら解いていく。教師が声かけをします。

③ 使いまちがいがちな（2分）
児童が思いついた同音異義の漢字を発表します。

組　名前

★ 漢字の意味に気をつけて、□に漢字を書きましょう。

① シン
・□ 人生が入る。
・□ 友ができた。

② ヨウ
・父の □ 子がおかしい。
・太平 □ は広い。

③ オン
・□ 楽会の練習。
・□ 度計を使う。

④ エン
・公 □ であそぶ。
・□ 形をノートにかく。

⑤ テン
・気よほうを見る。
・□ 長になる。

⑥ バン
・黒 □ に字を書く。
・じゅん □ にならぶ。

⑦ モン
・□ だこをとく。
・正 □ のかぎを開ける。

⑧ ショウ
・□ 売を始める。
・数の □ をくらべよう。

**3年　教材名：なし**

# ❾ 反対の意味の言葉

所要時間　７分
使用場面　三年生の漢字の学習を終える頃。

## ●この活動で鍛えたい語彙力

　漢字の意味に焦点を当てて、反対の意味の言葉を書いていく学習です。漢字そのものだけでなく、意味にも目を向けることで、様々な視点から言葉を覚えるようになることが期待されます。既習の漢字はもちろんですが、それだけに限らず、未習の漢字を使った反対言葉にも目を向けると、これからの学習への意欲にもつながるでしょう。

## ●活動の手順

### ①反対の意味って？（一分）

　反対言葉について、全体で振り返ります。

　Ｔ　「上」の反対言葉は何ですか。

　Ｃ　「下」です。

　Ｔ　他にも、反対言葉はたくさんあります。

### ②問題を解こう（３分）

　意味の違いを考えながら解くよう、声かけをします。

### ③答え合わせをしよう（３分）

　答え合わせをする際には、全員で声に出しながら進めるようにします。

# ⑨ 反対の意味の言葉

**反対の意味の言葉**

★ 反対の意味の言葉を漢字とひらがなで書きましょう。

| 組 名前 |
| --- |

①
［　　　　］ おおきい ⇔ 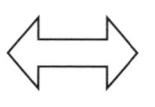 ［　　　　］ ちいさい

②
［　　　　］ おもい ⇔ ［　　　　］ かるい

③
［　　　　］ ひくい ⇔ 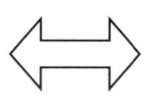 ［　　　　］ たかい

④
［　　　　］ はじまる ⇔ ［　　　　］ おわる

⑤
［　　　　］ はやい ⇔ ［　　　　］ おそい

⑥
［　　　　］ ながい ⇔ 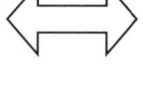 ［　　　　］ みじかい

**3年　教材名：モチモチの木**

# ⑩ お話に出てくる漢字

所要時間　8分
使用場面　「モチモチの木」に出てくる新出漢字を学習した後。

## ● この活動で鍛えたい語彙力

　「モチモチの木」に出てくる漢字の問題を解いていきます。三年最後の物語教材なので、漢字も多く出てきています。そこで今回は、漢字を書く問題だけを取り上げました。とめ、はね、はらいに気をつけながら、漢字を丁寧に書かせることを通して、漢字の読み方や書き方を正しく理解することに加え、四年の漢字の学習への意識も高めていきます。

## ● 活動の手順

### ①これまでに学習した漢字（1分）

　教室内の掲示物や漢字ドリル、教科書などを読んで、これまで学習した漢字がどれだけあるか振り返ります。

### ②問題を解いう（4分）

　とめ、はね、はらいなど、細かいところにまで気をつけて書くよう声かけをします。

### ③四年生で学習する漢字（3分）

　答え合わせをした後、四年で学習する漢字の一部を紹介します。

　Ｔ　四年生では、都道府県に関係する漢字の学習をします。

# 10 お話に出てくる漢字

組　名前

★ カタカナで書かれたところを、漢字に直して、下の□の中に書きましょう。

① サカミチをのぼる。

② おユをわかす。

③ マヨナカに目がさめる。

④ カミサマにおねがいする。

⑤ イシャになるゆめをかなえる。

⑥ 花ふんしょうで、くしゃみが出る。

⑦ クスリバコの中をせい理する。

⑧ おマツリに出かける。

⑨ わたしの弟は、ヨワムシだ。

⑩ 勇(ゆう)キがわいてくる。

3年　教材名：ことわざについて調べよう

# 11 ことわざの漢字

所要時間　５分
使用場面　ことわざや故事成語について学習した後。

## ●この活動で鍛えたい語彙力

　ことわざは、先人たちから伝えられてきた生活の知恵や大切にすべき教え
が含まれた短い文です。伝統的な言語文化の一つであることわざを学習する
ことは、言葉の歴史に触れることだけでなく、言葉の意味についても考える
きっかけとなります。ことわざに含まれる漢字を書く問題を解く活動を通し、
漢字の意味を新しい視点から考える力を伸ばしていきます。

## ●活動の手順

### ①どんなことわざがあったかな（一分）

　思いついたことわざを、児童が自由に発表します。

### ②問題を解こう（３分）

　ことわざの意味も考えながら問題を解くよう、教師が声かけをします。

### ③どんな場面で使えるかな？（一分）

　答え合わせをした後、どんな場面で使うかを教師が例示したり、児童が発
表したりします。

# 11 にた漢字

★ 左の□の中に、下の漢字を書きましょう。□の中に、合うように、下の意味と線をつなぎましょう。

① メ□ も□ をかんがえます。
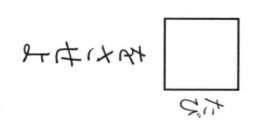

・　ア　その用いじょうに取り人れて、くみに重ねている、その用いるにれている。

② メ木から □る
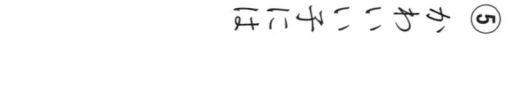

・　イ　それは何か物事をやりとげるのに、思い出会わせること。たいせつなもの。

③ 右は□ をたたかわせる
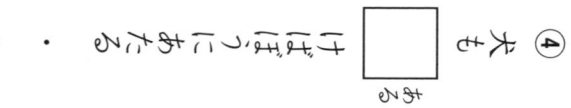

・　ウ　久々さり、冬のほか、夏のあいだは秋分がいるもので、なくなり、すっかりいせつなりまして、こまったこと。

④ 犬も□ けはつほおにる
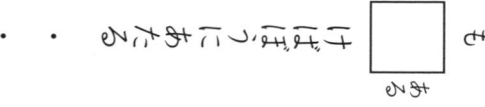

・　エ　それはなが生きてきたが、子どものしたいな大切なこと。それは親の大きな生活する。

⑤ かっこ□は
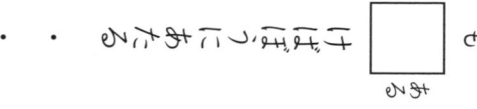

・　オ　その道には、すべてにれた人たちで、時のほっとんどなおみせている。

名前　組

3年 教材名：なし

## ⑫ まちがいを直そう

所要時間　5分
使用場面　三年生の配当漢字の学習を終える頃。

## ● この活動で鍛えたい語彙力

既習の漢字も増えてくると、同音異字や同訓異字も増え、それに伴う間違いも増えてきます。今回は、同訓異字、同音異字の間違いを見つけ、正しい漢字に書き直す活動を通して、漢字を正しく覚えるとともに、その意味についての理解を深めていきます。

## ● 活動の手順

### ① こんな間違いがあったよ（1分）

「空く」と「開く」、「用」と「曜」など今まで教師が見つけた同音異字、同訓異字の間違いを紹介します。正しい漢字を確認します。

### ② 問題を解こう（3分）

文章をよく読んでヒントにするように、声かけをします。

### ③ 他にもあるかな（1分）

答え合わせをした後、他にも同音異字や同訓異字があるか考え、児童に発表させます。

間違った経験を語らせてもらいましょう。

★ 次の文の中では、読み方が同じのまちがった漢字が使われているところがあります。
まちがった漢字に○をつけ、下の□に正しい漢字を書きましょう。

① 夏の太洋は、とてもまぶしい。

□

② 進かん線に乗って、旅に出かける。

□

③ 森林の中にある生名を大切にする。

□

④ とった魚を川に話す。

□

⑤ 親友と会うために、少し速く家を出る。

□

4年　教材名：白いぼうし

# 1 お話に出てくる漢字

> 所要時間　8分
> 使用場面　「白いぼうし」に出てくる新出漢字を学習した後。

## ● この活動で鍛えたい語彙力

　「白いぼうし」に出てくる漢字の問題を解きます。物語文の学習の際には、音読や感想を書く活動などを通して、自然に漢字に触れる機会が増えます。それをきっかけとして、文章の中でどのような漢字が使われているか、どのように使われているかを理解するとともに、その漢字に関連する言葉も理解していきます。

## ● 活動の手順

### ①間違えやすい漢字を確認する（3分）

　これまでの漢字の学習の様子や、ノートに書かれた文などを見て、お話に出てくる漢字の中から、教師が間違えやすいと感じた漢字について解説したり、児童自身が間違った経験のある漢字を発表したりします。

### ②問題を解く（5分）

　短い時間で、丁寧に書くようにします。

　ワークシートの中だと、「落」「角」などが間違えやすいと考えられます。学年の始まりなので、とめ、はね、はらいをしっかりと書くよう、教師が指導します。

# 1 お話に出てくる漢字

（一）□に漢字を書きましょう。

① 春になり [　]（な）の [　]（はな）が さく。

② [　]（と｜じょう）を守る。

③ [　]（の｜はら）で あそぶ。

④ バスの [　]（うん｜てん｜しゅ）に なる。

⑤ [　]（なに｜いろ）の 絵の具。

（二）～～を漢字とひらがなで書きましょう。

① まどを<u>あける</u>。　　　　　（　　　　　　）

② ぼうしが<u>おちる</u>。　　　　（　　　　　　）

③ <u>しかくい</u>形。　　　　　　（　　　　　　）

④ <u>とおりすぎて</u>、道をもどる。（　　　　　　）

⑤ バッグの中から荷物を<u>とりだす</u>。（　　　　　　）

# ② 漢字の部分

所要時間　10分
使用場面　漢字の使い方を学習した後や漢字の部首について学習した後。

## ■ この活動で鍛えたい語彙力

四年生では、漢字辞典の使い方について学習します。その際、漢字の部首を学習します。それを深めるため、ここでは漢字辞典の使い方を確認しながら、漢字の部首に着目して、多くの漢字の部首を学習する機会を設けています。単元のページに比べると問題数を多く、漢字辞典で調べる問題に多くふれ、漢字を書く目的をもたせ、漢字への興味を高めたり、漢字の理解を深めたりします。

## ● 活動の手順

### ① 漢字辞典の索引に繰り返し慣れる（3分）

漢字辞典の索引の見つけ方を、その中に問題があることを確認します。

・漢字辞典の索引の見つけ方を繰り返し練習し、思いつくかぎり問題を解きましょう。

Ｔ「部首はどのようなのだろう。」

Ｃ「漢字の一部です。」

Ｔ「どんな種類があるのか。」

### ② 問題を解く（7分）

漢字の部分に気をつけて、再度部首数を書かせます。

# 2 漢字の部分

★ 漢字の部分に気をつけて、書きましょう。

① 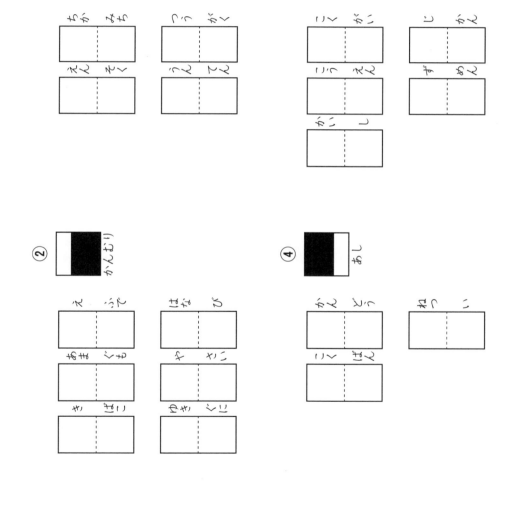 にょう

| ちかみち | こう が |
| --- | --- |
| | |

| えん そく | う てん |
| --- | --- |
| | |

③ かまえ

| に が | じ かん |
| --- | --- |
| | |

| にう えん | ず めん |
| --- | --- |
| | |

| が し |
| --- |
| |

② かんむり

| え ふで | はな び |
| --- | --- |
| | |

| おま くも | ち やこ |
| --- | --- |
| | |

| や ばり | ゆや くに |
| --- | --- |
| | |

④ あし

| かん どう | ねつ い |
| --- | --- |
| | |

| こく ばん |
| --- |
| |

# 3 漢字辞典の使い方

所要時間　８分
使用教具　漢字辞典
漢字辞典の使い方を学習した後。

## ● この活動で鍛えたい語彙力

漢字辞典の使い方について習ったら、索引だけでなく、部首索引が引かれるかどうかの問題です。索引を音訓・画数・部首から正しく理解して、画数の多い少ないなどを、正しく理解して、多くの漢字を書くことができます。まだ、正しく漢字を書き、多くの漢字を書いて画数を正しく理解して、多くの漢字を書いて、正しい漢字を書いていくための問題に取り組ませていきましょう。

## ● 活動の手順

### ① 漢字辞典の索引の見分けについて話し返ろう (3分)

T 前回は、部首についての問題を解きました。取り組んでみてどうかな。

C 音訓索引や総画索引があります。

T 画数の少ない索引にありますか。

C 前回、音訓索引や総画索引について気がついた問題を解きました。

### ② 問題を解こう (5分)

画数を解いて、なるべく正しく書いて、画数は少ないかどうかを気をつけると、答えられる。

よい、画数は正しく助言します。

# ❸ 漢字辞典の使い方

★ 漢字辞典を使って、漢字をさがすときに、画数や音読み、訓読みでさがすときがあります。

（一）次の漢字の画数を書きましょう。

① 起 [　] 画　② 予 [　] 画　③ 部 [　] 画

④ 追 [　] 画　⑤ 港 [　] 画　⑥ 号 [　] 画

（二）次の漢字の音読みと訓読みを書きましょう。

音（　　）　　音（　　）　　音（　　）　　音（　　）
① 雪　　　② 内　　　③ 山　　　④ 美
訓（　　）　　訓（　　）　　訓（　　）　　訓（　　）い


音（　　）　　音（　　）　　音（　　）　　音（　　）
⑤ 長　　　⑥ 車　　　⑦ 海　　　⑧ 軽
訓（　　）い　訓（　　）　　訓（　　）　　訓（　　）い

# 4 漢字のなかま分け

---

所要時間　7分
使用場面　漢字辞典の使い方を学習した後。

---

## ● この活動で鍛えたい語彙力

　漢字辞典の学習を生かした問題です。まず、回首による仲間分けをすることで、漢字の正しい読み方について理解を深めます。次に、画数による仲間分けをすることで、漢字の画数を守って字を書くことを意識させます。漢字本来の機能を様々な視点から考えることで、漢字をどのように使うか、その理解を深めていきます。

## ● 活動の手順

### ①これまでの問題を振り返ろう（2分）

　これまで学習した漢字辞典の使い方や取り組んだ問題を振り返ります。間違えやすい漢字や漢字を引く際の注意などもあれば、全体で確認します。

### ②問題を解こう（5分）

　正確に書くことを意識させながら問題を解くように教師が声かけをします。他にも答えが考えられるものもあるので、その場合、児童が発表します。

　C　「こう」の仲間もあります。高校の「高」と「校」です。

　C　同じ画数の漢字もいくつもありそうなので、探してみます。

# 4 漢字のなかま分け

組　名前

（一）　同じ音読みの漢字をなかま分けしましょう。

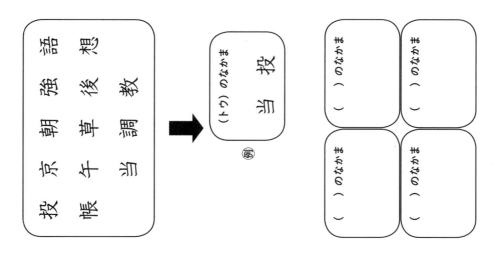

語　想
強　後　教
朝　草　調
京　午　当
投　帳

（トウ）のなかま　　投　当　例

（　）のなかま

（　）のなかま

（　）のなかま

（　）のなかま

（二）　同じ画数の漢字をなかま分けしましょう。

前　作
船　弟　何
黒　風　終
見　返　拾
計　男
笛

七画の漢字

九画の漢字

十一画の漢字

4年 教材名：一つの花

# 5 お話に出てくる漢字

所要時間　8分
使用場面　「一つの花」に出てくる漢字を学習した後や、お話を通読した後。

## ● この活動で鍛えたい語彙力

　「一つの花」に出てくる漢字を学習していきます。教材の特性上、戦争に関する言葉が増えますが、内容に合わせて漢字の使われ方にも特徴があることを理解するには最適です。物語の中での使われ方を意識することで、文の一部として漢字がどのように使われているか考え、理解し、自分が文を書くときにも生かせるようにしていきます。

## ● 活動の手順

### ①お話に出てくる漢字の確認をしよう（一分）

　新出漢字、書き方が難しい、送り仮名を間違えやすい漢字を確認します。

### ②問題を解こう（5分）

　前後の言葉にも気をつけて問題を解くよう声かけをします。

　　Ｔ　漢字はそれだけで使うことはあまりありませんね。文の一部でどう使うか考えながら、問題を解きましょう。

### ③声に出して読もう（2分）

　○つけ後、改めて文中でどう使われているかを意識させます。

　　Ｔ　他にもこの漢字を使って、文を考えられますか。

組　名前

★ □には漢字を、（　）には読みがなを書きましょう。

① ［きこ｜しょ］ □□ のページ。

② ［き｜しゃ］ □□ に乗る。

③ ［にわ］ □ まきがだ。

④ ［くに｜たい］ □□ になる。

⑤ ［せん｜そう］ □□ が始まる。

⑥ （　　　　）飛行機が飛ぶ。

⑦ （　　　　）花が一輪だけさく。

⑧ （　　　　）お米の配給を受ける。

⑨ （　　　　）ふろしきで包む。

⑩ （　　　　）両手を空にかざす。

4年 教材名：なし

# 6 漢字しりとり

所要時間　5分
使用場面　四年の漢字を振り返るときなど。

## ●この活動で鍛えたい語彙力

　ゲーム形式で熟語についての理解を深めていきます。漢字の同音異義語を活用し、音読みをしりとり形式でつなげていきます。同音異義語での間違いを防ぐだけでなく、正しい熟語の組み合わせについても理解を深め、書く力、読む力へとつなげていきます。

## ●活動の手順

### ①漢字しりとりってどんなゲーム（１分）

　しりとりのルールについて確認します。漢字を使って、どのようなゲームができないか考えます。

　Ｔ　これまで学習した漢字の特徴を思い出して、しりとりはできませんか。
　Ｃ　同じ読み方の漢字に注目すればいいと思います。

### ②問題を解こう（２分）

　前後の漢字に気をつけて答えを書くよう、教師がアドバイスをします。

### ③他にもできるかな（２分）

　他にも読み方でしりとりできる漢字がないか、考え、発表します。

# 6 漢字しりとり

★ 同じ読み方のちがう漢字をつなげて、漢字しりとりをかんせいさせましょう。

例) 運転 ➡ 天気

① 公[こう]□[えん] ➡ □[えん]□[そく] ➡ □[そく]度[ど]

② 気[き]□[ぶん] ➡ □[ぶん]□[しょう] ➡ □[しょう]敗[はい]

③ 建[けん]□[こく] ➡ □[こく]□[ばん] ➡ □[ばん]号[ごう]

**4年 教材名：慣用句**

# ⑦ 慣用句

> 所要時間　10分
> 使用場面　慣用句について学習をする前後。

## ● この活動で鍛えたい語彙力

　慣用句に使われている漢字の学習をしていきます。慣用句について学習することは、漢字の理解だけでなく、日本語そのものへの理解や言語文化への興味につなげることができます。今回は意味も考える学習をすることで、日常の学習生活や、日常会話の中でも生かせるようにしました。

## ● 活動の手順

### ①慣用句を知ろう（１分）

　知っている慣用句や、言われたことがある慣用句を自由に発表します。教師は、どんな言葉が使われているかに気をつけ、仲間分けをします。

　T　「手に余る」という慣用句が出ました。

　　　他に、体の部分を使った慣用句を知っていますか。

　C　「口が軽い」という慣用句を聞いたことがあります。

### ②問題を解こう（５分）

　漢字と意味、両方に気をつけて問題を解くよう、教師が声かけをします。

### ③文をつくろう（４分）

　慣用句を使った文を発表したり、ノートに書いたりします。

★ □に漢字を書いて、慣用句を完成させましょう。
また、下から意味を選んで、線でつなげましょう。

① 話し合いで、ヤヒレくんが 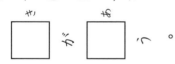（くち・び）をきった。　・

　　・㋐ 考え方や感じ方が合うこと。

② ぼくは、気が（みじか）い せっかくを直した。　・

　　・㋑ 物事を始めること。

③ 兄とぼくは、昔から（き）が（あ）う。　・

　　・㋒ ちょっとしたことでもがまんできないせいかく。

④ かくれんぼで見つからないように、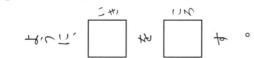（こや）を（いき）す。　・

　　・㋓ わくわくすること、楽しみであること。

⑤ 親友とひさしぶりに会うので、（こころ）がおどる。　・

　　・㋔ じっと静かにすること。

97

# 8 どんな熟語ができるかな

4年
教材名：熟語の意味

| | |
|---|---|
| 所要時間 | ８分 |
| 使用場面 | いわゆる漢字の学習の際に繰り返し使えるでしょう。 |

## ・二つの活動で鍛えたい語彙力

二つの漢字の熟語の意味を意識しながら問題を解いていくことで、熟語の意味の理解を深めます。今回のように漢字の構成についての学習が終わった回は、その意味の正しい使い方を理解していきます。二つの漢字からなる熟語の意味を再確認したり、会話文を書いたりする中で正しく使っていきます。

## ・活動の手順

### ① 熟語にはどんな意味があるかな（1分）

T 「分」という熟語があります。どんな意味ですか。

C いくつか意味があります。

T いくつか意味があります。どんな意味ですか。

C ……

T 熟語は、いくつかの意味をもつものがありますね。今回は、分解して意味がわかる熟語から意味がわからない熟語まであります。

### ② 問題を解いていく（5分）

二つの熟語につけるといろんな意味になるのかを考えながら解きます。

### ③ 送りがなのある（2分）

二つの言葉がつくられるような熟語を発表します。漢字を正しく使っている人はどんな言葉ができましたか。

理解するために言葉がつけられて、正しく漢字を使います。

★ 二字以上の漢字を組み合わせてできた言葉を、熟語といいます。次の言葉はどんな熟語になるか考え、□に書きましょう。また（　）に読み方も書きましょう。

① 最も少ない

（　　　　　　　）

|　|　|
|---|---|

② 明るい・暗い

（　　　　　　　）

|　|　|
|---|---|

③ 温かい水

（　　　　　　　）

|　|　|
|---|---|

④ 国を出る

（　　　　　　　）

|　|　|
|---|---|

⑤ 上・下

（　　　　　　　）

|　|　|
|---|---|

⑥ 運ぶ・転ぶ

（　　　　　　　）

|　|　|
|---|---|

⑦ 店を開く

（　　　　　　　）

|　|　|
|---|---|

⑧ 美しい人

（　　　　　　　）

|　|　|
|---|---|

⑨ 進む・行く

（　　　　　　　）

|　|　|
|---|---|

⑩ 苦しい・楽しい

（　　　　　　　）

|　|　|
|---|---|

# 9 まちがえやすい漢字

所要時間　5分
使用場面　四年生の漢字の学習を振り返ること。

## ●この活動で鍛えたい語彙力

同音異義語や同訓異字の漢字を取り上げます。既習の漢字をもう一度確認して、意味なども正しく取り上げます。今後の漢字学習にも気をつけられるように目的としています。問題を解いたり、同じ漢字であっても意味が違えば、違う漢字を使ったりすることを確認していくことで、この漢字の意味や使い方を理解を深めたりしていきます。

## ●活動の手順

### ①問題を解く（3分）

文の意味から考える必要があるもの、同じ漢字でも意味が違うもの、全体を確認してから漢字を書く練習にあてるなど、いろいろなタイプの問題を解きます。

### ②同じ読み方の漢字（2分）

問題に取り上げたもの以外にも、同じ読み方の漢字があれば発表します。これらを学習した漢字の中から、同じ読み方の漢字を理解して発表します。

また、使い方の漢字を理解し、同じ読む間違えた方の漢字を間違うことがあります。

C「況」また、「書く」と書いて、同じ読み方の漢字を間違えたりすることがあります。

たしかめられるだけでなく、同じ間違えた経験を共有したりすることが効果的です。

組　名前

★ 漢字には、同じ読み方をするものがあります。前後の文に気をつけて
□に漢字を書きましょう。③⑤は送りがなも書きましょう。

① きかい

○休みの日に、□□□□□□ごしりをする。

○親友と遊ぶ□□□□□がなかなかこない。

② じてん

○今の□□□□□で、明日の天気は雨だ。

○国語□□□□□を使って調べる。

③ たつ

○家の近くにマンションが□□□□□。

○こまにすわるのをやめて□□□□□。

④ しょうすう

○算数で□□□□□の勉強をする。

○□□□□□の意見も大切にする。

⑤ あける

○箱の底にあなを□□□□□。

○長かった夜が□□□□□。

# ⑩ 都道府県の漢字

所要時間
10分
都道府県の漢字を調べるには辞書や社会科の本などを使います。

## ●この活動で鍛えたい語彙力

学習指導要領では、四年生で自分たちの都道府県の漢字を読み書きし、生活や学習で使うことが大切だとされています。画数も多く、興味をもって見させることが必要です。また、正しく書けるように、様々な工夫が考えられますが、都道府県名という親しみやすいものを題材に取り上げることで、漢字の意味を考えたり、都道府県の位置を地図で確認したりしながら、楽しく学習できるでしょう。

## ●活動の手順

### ① 問題を解いてみよう（5分）

都道府県の漢字は、はらいやはねなど画数が多いので正しく書けるようになります。

### ② 日本地図を見てみよう（5分）

線をひいた後、問題に取り上げた都道府県の漢字に興味をもたせます。

1 日本地図を見ながら、取り上げられた都道府県の漢字を読んでみよう。

2 知っている都道府県の漢字を見ながら、書けるように話し合ってみよう。

3 クイズ形式の問題を出します。

組　名前

★　□に都道府県を表す漢字を書きましょう。

① お茶やみかんの

しずおかけん

② 二度のオリンピック

とうきょうと

③ とんこつラーメン

ふくおかけん

④ ぼく場だくさん

ほっかいどう

⑤ かつおがおいしい

こうちけん

⑥ 出雲大社は

しまねけん

⑦ シーサーが守る

おきなわけん

⑧ 食こだおれそう

おおさかふ

⑨ トキが羽ばたく

にいがたけん

⑩ くまモンが有名

くまもとけん

# 11 季節を表す漢字

所要時間　７分
使用場面　季節を表す言葉を学習した後。四年の配当漢字を学習し終えたとき。

## ●この活動で鍛えたい語彙力

漢字をグループに分けながら、その意味を考える問題です。季節に関係する語彙を理解することで、季節に関する語彙力が伸びていきます。他の季節の漢字にも興味がある生徒には、その季節の漢字を取り上げるなどして、発展的な問題を解くことも期待されます。

## ●活動の手順

### ① 季節を表す言葉（2分）

季節について、その季節から連想する言葉について、発表します。教師が中間分けしながら、板書していきます。

### ② 問題を解く（3分）

問題にとりかかります。季節について意識しながら、季節について中間分けをしながら、問題を解いていきます。

### ③ 季節の言葉を探す（2分）

答え合わせの後、ほかにもそのような言葉があるのかを全体で確認します。

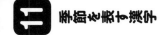

**11 季節を表す漢字**

組　名前

★　季節を表す言葉の、漢字や読みがなを書きましょう。
　○には、どの季節が入るかを考えて、書きましょう。

せつぶん

〔　　　　〕

（　　　　）
卒業

（　　　　）
熱帯夜

かがみもち
〔　　　　〕

ねんが
〔　状〕
じょう

（　　　　）
新米

うんどうかい
〔　　　　〕

（　　　　）
○合戦

4年　教材名：なし

# 12 図書室に行ったら…

所要時間　5分
使用場面　図書室を使った学習のとき。四年の配当漢字を学習し終えたとき。

## ●この活動で鍛えたい語彙力

中学年も終わりになると、図書室は好きな本を探したり、読んだりするための場所だけでなく、わからないことを調べたりするなど、目的をもって学習に生かせる場所だと自覚できるようになります。図書室は漢字の宝庫でもあります。今回は、図書室に関わる漢字の問題を解くことで、身の回りにあふれた漢字に気づいたり、すすんで漢字に関わろうとしたりする意識を伸ばしていきます。

## ●活動の手順

### ①図書室にある言葉（一分）

図書室と聞いて、どんな言葉を思い出すか、児童が発表します。

### ②問題を解こう（三分）

言葉の意味も考えながら問題を解くよう、声かけをします。

### ③図書室で探そう（一分）

答え合わせをしたら、他にどんな言葉が思いつくか、児童が発表します。また、図書室に行って、新しい言葉を発見するよう促します。

組　名前

★ 図書室には、漢字があふれています。次のカタカナを漢字に直しましょう。

① 本をカリる。

② デンキを読む。

③ シショの先生。

④ ヒャッカジテンで調べる。

⑤ シゼンカガクの本のたな。

⑥ 本のブンルイを調べる。

5年

教材名：五年生の学習を見わたそう

# 1 国語と使う言葉

| | |
|---|---|
| 使用場面 | 年度初めの国語の授業などで。 |
| 所要時間 | 6分 |

## ● この活動で鍛えたい語彙力

高学年になって覚えた言葉が増えたとしても、それらを正しく使えなければ意味がありません。国語の学習をする中で、漢字や言葉を正確に使える語彙力を高めていくことが大切です。漢字や言葉を使いこなす力を、年度初めに確認しておくことは、その後の学習の上でも有効です。今回のこの授業は、そういった学習を進めていく構えをつくるとともに、国語の授業の中で、使う言葉に注目させることができます。

## ● 活動の手順

### ①前学年の学習を振り返る（2分）

国語の学習をしていく上で、これまでどのような漢字や言葉を学習してきたのか、前学年までの学習を振り返らせます。田中さんのように、すらすら言えるようになるまで発言してもらいます。

### ②問題を解いていく（4分）

それでは、今回は国語の授業でよく使われる漢字のクイズをします。Ｃさん、答えられますか。感想、意見、発言人物など。
Ｃさんのように、答えられる子供をあてて問題を設けられるといいです。問題を解く興味を高めていきます。

組　名前

★ 国語で使う言葉について、───の読み方や□に入る漢字を書きましょう。

（　　　　　　　　　）

① 国語辞典を読む。

（　　　）（　　　）

② 漢字の音読みと訓読み。

（　　　　　　　　　）

③ 筆者の考え。

（　　　　　　　　　）

④ 説明文を書く。

（　　　　　　　　　）

⑤ 主語と述語に気をつける。

かくすう
⑥ ［　　　　　　］を覚える。

どくしょかんそうぶん
⑦ ［　　　　　　］コンクール。

おんどくはっぴょうかい
⑧ ［　　　　　　］をする。

ぶん
⑨ 説得力のある［　　　］。

とうじょうじんぶつ
⑩ ［　　　　　　］を読み取る。

# ❷ 漢字の成り立ち

```
所要時間　5分
使用場面　漢字の成り立ちについて学習した後。
```

## ● この活動で鍛えたい語彙力

　漢字には、音を表す部分と意味を表す部分が一緒になって成り立っている形声文字があります。漢字の九割以上は形声文字です。今回は、その形声文字に焦点をあてて、問題を解いていきます。この問題を解くことで、音や意味に気をつけて漢字を考えるようになり、意味を考えながら漢字を使ったり、漢字への興味を高めたりすることにつながると考えました。

## ● 活動の手順

### ①漢字の成り立ちを振り返ろう（2分）
　これまで学習した漢字の成り立ちや具体例を確認します。

1　目に見える形からできた漢字（象形文字）

2　印や記号を使って、できた漢字（指事文字）

3　漢字の意味を組み合わせてできた漢字（会意文字）

4　音を表す部分と意味を表す部分を組み合わせてできた漢字（形声文字）

### ②問題を解こう（3分）
T　今回は、音と意味を表す部分が一緒になった漢字の問題を解きます。二種類の問題があるので、どんな違いがあるか、気をつけながら解きましょう。

（一）次の漢字の音読みを書きましょう。また、音を表す部分と意味を表す部分に分けて書きましょう。

（二）音を表す部分と意味を表す部分を組み合わせて、漢字にしましょう。また、音読みを書きましょう。

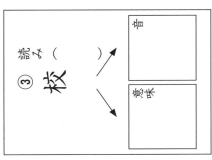

① 読み（　　）　誠

音

意味

① 動　イ　読み（　　）

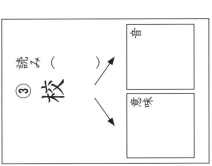

② 読み（　　）　銅

音

意味

② 貴　禾　読み（　　）

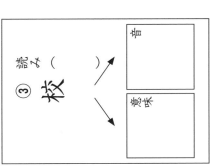

③ 読み（　　）　校

音

意味

③ 反　木　読み（　　）

# ❸ 音を表す漢字の部分と読み方

所要時間　10分
使用場面　漢字の成り立ちについて学習した後。

## ● この活動で鍛えたい語彙力

ここでも、形声文字について取り上げます。漢字の音についての理解を深めることは、漢字を間違えて使うことを防ぐことにとどまらず、漢字そのものへの興味を高めることにもつながります。今回は、音を表す部分を取り出し、書く問題を解くことで、既習の漢字の読みを確認したり、漢字を見る新たな視点を与えたりすることもねらいとしています。

## ● 活動の手順

### ①形声文字の確認（3分）

　T　漢字の成り立ちにはいくつかの種類がありました。今日は、そのうちの一つで、音と意味が組み合わさってできた漢字の問題を解いていきます。

　C　音という意味がわかってきました。前に習った漢字がたくさん出てきました。

### ②問題を解く（7分）

　T　例を読みましょう。どうすればわかりやすいでしょうか。

　C　今まで習った漢字を見つけるのがこつだと思います。

　C　音読みに気をつけるのがこつだと思います。

**音を表す漢字の部分と読み方**

組　名前

★ 漢字の中には、音を表す部分と意味を表す部分を組み合わせたものがあります。次の漢字は、どの部分が音を表しているでしょうか。また、それはどんな音を表しているでしょうか。

(例) 像 → 象　音（ゾウ）

① 館 →　音（　　　）

② 草 →　音（　　　）

③ 課 →　音（　　　）

④ 紙 →　音（　　　）

⑤ 週 →　音（　　　）

⑥ 静 →　音（　　　）

⑦ 飯 →　音（　　　）

⑧ 問 →　音（　　　）

⑨ 飼 →　音（　　　）

⑩ 効 →　音（　　　）

# ④ 漢字の成り立ちで仲間分けをしよう

5年　教材名　漢字の成り立ち

| | |
|---|---|
| 所要時間 | 5分 |
| 使用場面 | 漢字の成り立ちを学習した後。 |

## ● この活動で鍛えたい語彙力

漢字を成り立ちで分類することで、自然と語いを増やすことができます。中国から伝わった漢字を見ていくうちに、既習の漢字と新出漢字を関連付けながら、漢字への興味・関心が高まります。また、直接的な力ではありませんが、活動する中で、漢字を意味から理解する力を身につけたり、漢字の意味を理解しながら使うことができるようになります。

## ● 活動の手順

### ① これまでの学習の振り返り（一分）

指示物などを使いながら、既習の漢字の成り立ちについて、全体に確認を返します。

　これまで漢字の成り立ちについての学習をしてきたことを確認します。

T　みなさん、漢字の成り立ちにはいくつか種類があることに気づきましたね。

C　僕は、音読みと訓読みの違いがわかるようになりました。

C　私は、漢字の部分によって意味が分けられることに気づきました。

### ② 問題を解く（四分）

　既習の漢字を思い浮かべながら、問題を解いていきます。

★ 上にある漢字を成り立ちで仲間分けして、下に書きましょう。

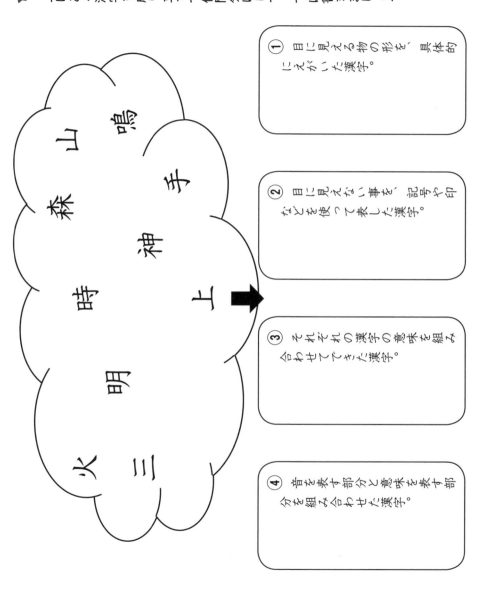

山　鳴　森　寺　神　時　上　明　火　三

① 目に見える物の形を、具体的にえがいた漢字。

② 目に見えない事を、記号や印などを使って表した漢字。

③ それぞれの漢字の意味を組み合わせてできた漢字。

④ 音を表す部分と意味を表す部分を組み合わせた漢字。

# 5 新聞に出てくる漢字

| | |
|---|---|
| 所要時間 | 5分 |
| 使用場面 | 新聞のレイアウトや書き方について学習をするとき。 |

## ●この活動で鍛えたい語彙力

　以前よりも、新聞という情報媒体が身近にある児童は減ってきます。しかし、新聞を正しく読む力は、その情報が何を伝えているのか、何が大切かを理解する力につながります。それは情報の受け手として、ニュースを正しく解釈することにもつながるでしょう。新聞で使われている言葉を漢字で書き、言葉の意味も併せて理解することで、語彙力の向上につなげていきます。

## ●活動の手順

### ①問題を解こう（2分）

　まずは、問題を解いて、答えの確認をします。

### ②新聞に関係する言葉を確認しよう（3分）

　ここからが大切です。ただの漢字の学習にとどめず、その意味を理解し、情報を受け取る際に気をつけることにまで視点を広げます。

　T　新聞を読むとき、まずはどこを見ますか。

　C　見出しを見ます。

　T　なぜですか。

　C　何を伝えようとしているか、簡潔にわかるからです。

　T　そうですね。見出しだけでなく、記事をしっかりと読むことも大切です。

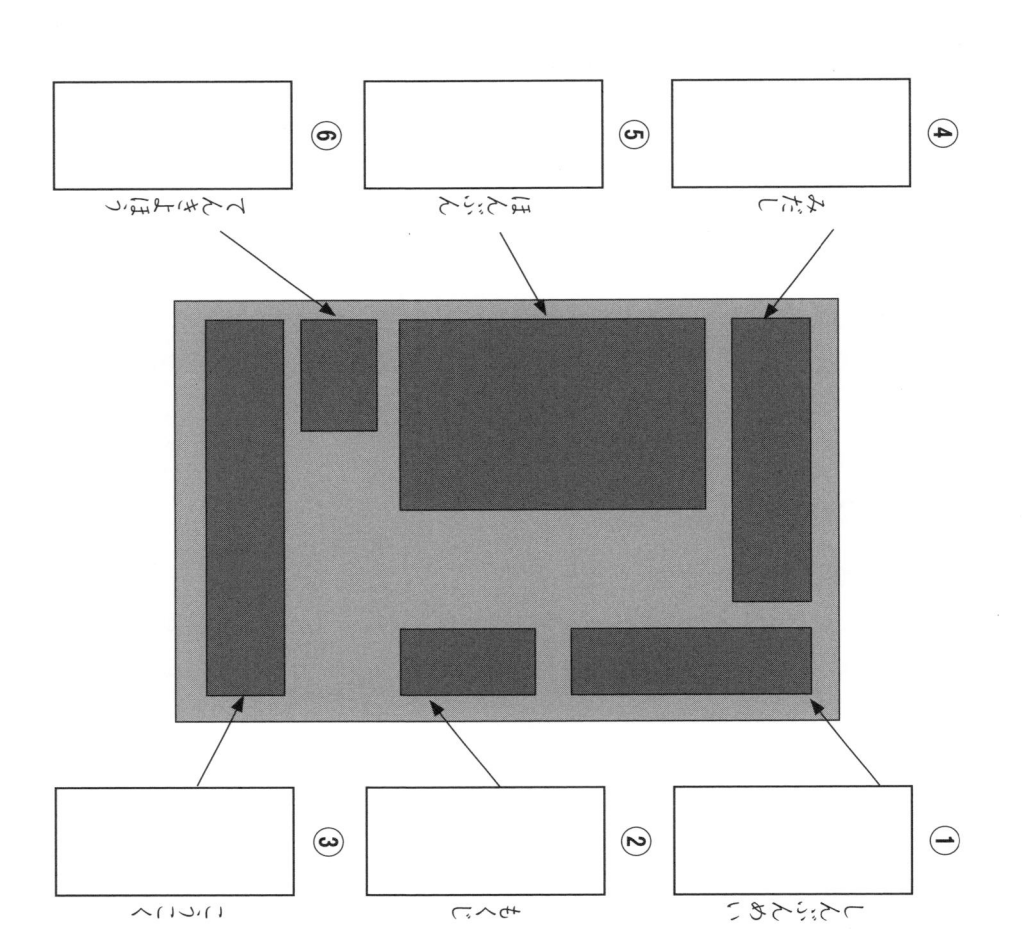

**5年　教材名：漢字の読み方と使い方**

# ⑥ 特別な読み方をする漢字

---

所要時間　5分
使用場面　熟字訓について学習をしたとき。

---

## ● この活動で鍛えたい語彙力

　特別な読み方をする漢字、熟字訓を取り上げます。1字ではその読み方にはなりませんが、1字以上になることで特別な読み方をするのが熟字訓です。日本語独特のものであるからこそ、漢字への興味を伸ばすためには、とてもよい題材です。問題を解いたり、その他の熟字訓を確認したりすることで、正しく読んだり、書いたりする力を伸ばしていきます。

## ● 活動の手順

### ①特別な読み方をする漢字（1分）

　「二十日」など特別な読み方をする漢字を確認し、1字以上の組み合わせによっての読むことを理解します。

### ②問題を解いて（2分）

　前後の言葉をヒントにするように、声かけをします。

### ③他にはあるかな（2分）

　他にも知っている熟字訓があれば、発表します。また、生活の中で意識して見つけるように、教師も指導します。

★ ～～の漢字は、特別な読み方をする漢字です。読み方を書きましょう。

（　　　　　　　　）

① 時計を見る。

（　　　　　　　　）

② 八百屋に買い物に行く。

（　　　　　　　　）

③ 七夕かざりを作る。

（　　　　　　　　）

④ 新しい眼鏡を買う。

（　　　　　　　　）

⑤ 川原でバーベキューをする。

（　　　　　　　　）

⑥ たくさんの果物を食べる。

（　　　　　　　　）

⑦ 今日のことを日記に書く。

# 7 いろいろな音ん

5年
教材名：なし

所要時間　漢字　10分
使用場面　漢字には様々な音読みがあることを学習した後。

## ・この活動で鍛えたい語彙力

同じ漢字でも熟語によって様々な音読みがあります。一つの漢字や熟語について様々な読み方があることを知っている様々な読み方があることや、一つの漢字に複数の音読みや熟語としての力を理解して書いていきますが、一つの漢字や熟語の読み方があることに親しめる問題としました。その熟語としての力を書いていきます。

## ・活動の手順

① 複数の音読みをもつ漢字（2分）
複数の音読みをもつ漢字を確認します。
C T「漢」について、どんな音読みがありますか？
「漢」は「カン」、「漢字」「漢語」は「カン」と読みます。

② 問題を解く（6分）
前後についている漢字に注意して音読みを考える。

③ 使い分ける（2分）
いろいろな音読みのある漢字があれば、発表させます。

120

# 7 いろいろな音

組　名前

★ 漢字には、様々な音があります。
□に入る漢字を考え、できた熟語と読み方をすべて下に書きましょう。

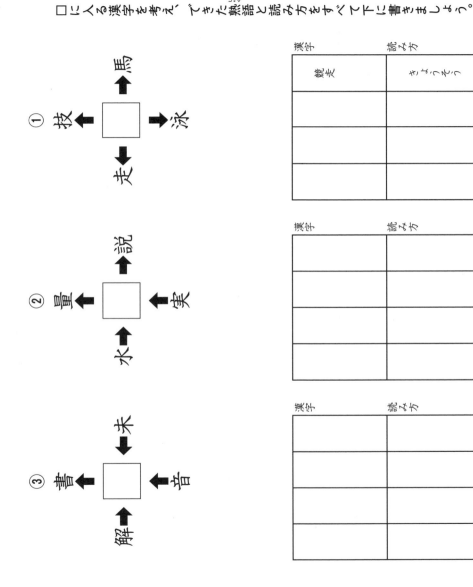

**①**

馬 ← □ → 泳
技 ← □
□ → 走

| 漢字 | 読み方 |
|------|--------|
| 競走 | きょうそう |
| | |
| | |
| | |

**②**

説 ← □
量 ← □ → 実
水 → □

| 漢字 | 読み方 |
|------|--------|
| | |
| | |
| | |
| | |

**③**

未 → □
書 ← □ → 音
解 → □

| 漢字 | 読み方 |
|------|--------|
| | |
| | |
| | |
| | |

5年　教材名：大造じいさんとガン

# 8 お話に出てくる漢字

所要時間　10分
使用場面　「大造じいさんとガン」を学習しているとき。

## ●この活動で鍛えたい語彙力

「大造じいさんとガン」に出てくる漢字を取り上げます。お話に出てくる漢字も高学年になると、画数が多いものや複数の読み方があるものなどが出てきて、これまでよりも難しいものになってきます。しかし、漢字は使えるものが増えるほど、語彙理解も深まっていきます。「読む」の学習としては、文章を音読したり、情景描写から様々なことを想像したりする力を伸ばすことはもちろんですが、この漢字のワークシートなどで語彙指導の部分をも補い、文章理解の一助としていくことをねらいとしています。

## ●活動の手順

### ①「大造じいさんとガン」について話し合う（3分）

T　「大造じいさんとガン」を読んで、心に残ったことはありますか。

C　やっぱり、ガンを撃たなかったというです。

T　今日は、そのお話を思い出しながら問題を解きましょう。

あくまでも学習の中心は、「大造じいさんとガン」であることを意識させます。

### ②問題を解く（7分）

前後についている漢字に注意するよう声かけをします。

組　名前

★ カタカナを漢字に直しましょう。送りがなが必要なものは書きましょう。

① 子どもたちをシドウする。

② キケンな旅に出かける。

③ 勝負に勝って、コウフンする。

④ 組織をヒキイル。

⑤ 着陸タイセイを整える。

⑥ がんのトウリョウを見つける。

⑦ 糸をヒッパル。

⑧ サユウをよく見て、道路をわたる。

⑨ カイシンの笑みをもらす。

⑩ ココロヨイ風に当たる。

# ❾ 同じ読み方の漢字

所要時間　５分
使用場面　同音異義語についての学習を終えた後。

## ● この活動で鍛えたい語彙力

　同音異義語を取り上げ、問題を解いていきます。既習の漢字が増えていくにつれて、使い方にも注意をする必要が増していきます。そこで今回は、前後の言葉や、文全体を読み、問題を解くことで、漢字の意味などにも目を向けるようにして、同音異義語についての理解を深めていきます。

## ● 活動の手順

### ①どちらが正しいかな（２分）

　同音異義語で、間違えてしまった経験を想起します。

- Ｔ　同じ読み方で書き間違えてしまった漢字はありますか。
- Ｃ　算数の「小数」を「分数」と書いてしまったことがあります。
- Ｃ　意味まで覚えた方がいいと思います。
- Ｔ　そうですね。意味まで正しく覚えると、間違いもなくなりますね。

　なぜこの問題を解くのか、児童によく意識させるようにします。

### ②問題を解く（３分）

　前後についている言葉に注意するよう声かけをします。

　答え合わせの際には、意味も全体で確認します。

**9 同じ読み方の漢字**

（一）上の言葉と下の言葉を正しくつなぎましょう。

① 時間を　・・計る。
　　きょりを　・・測る。

② 競技会に　・・出席する。
　　協議会に　・・出場する。

③ 機会を　・・動かす。
　　機械を　・・うかがう。

④ お湯が　・・熱い。
　　本が　・・厚い。

（二）〜〜の二つは同じ読み方の漢字です。読み方を□に書きましょう。

① ・パスポートを発行する。
　・ほたるの体が発光する。

② ・天下をおさめる。
　・花火に点火する。

③ ・工場で働く。
　・成績が向上する。

④ ・自信をもつ。
　・自分自身のことを話す。

⑤ ・スポーツに関心がある。
　・かれの行動に感心する。

125

5年　教材名：１まいの写真から

# ⑩ 物語を書こう

| 所要時間 | ６分 |
|---|---|
| 使用場面 | 自分で考えた物語を書く学習をしたとき。 |

## ● この活動で鍛えたい語彙力

　物語を考えて書くときの手順を示した文で漢字を学習していきます。今まで も同じようなテーマの学習はありましたが、高学年段階として、より構成 や情景描写について考え、作者としての意図をもった作品づくりが求められ ます。そのねらいを達成するためには、様々な言葉の意味を正しく理解する ことが大切です。漢字を書きながら、意味についても正しく理解することで、 これまでの学習成果を十分に生かした作品を書く心構えをさせます。

## ● 活動の手順

### ①物語を書くときに大切なこと（一分）

　物語を書くときに大切なことを発表し、語彙への興味を高めます。

- Ｔ　物語を書くときには、どんな準備をすればいいですか。
- Ｃ　登場人物を考えることが大切です。
- Ｃ　「大造じいさんとガン」で習った情景描写も大切です。
- Ｔ　そう、今日は物語に大切な漢字と意味について学習しましょう。

### ②問題を解こう（５分）

　問題を解き、答え合わせをした後、意味についても確認します。教師が実 例を示しながら、児童が物語づくりへの興味を高められるようにします。

# 10 物語を書こう

★ 次は、物語を書く手順の例を説明した文です。
□に入る漢字を書きましょう。

① 身の回りのものから、[　そうぞう　]を広げる。

② [　とうじょうじんぶつ　]を考える。

③ 物語の[　こうせい　]を考える。

④ [　じょうけい　]が思いうかぶ表現を考える。

⑤ [　したがき　]をして、友達と読み合う。

⑥ 物語を[　せいしょ　]する。

⑦ [　たんぺんしゅう　]などにまとめる。

**5年　教材名：複合語**

## 複合語

所要時間　5分
使用場面　複合語について学習をしたとき。

## ●この活動で鍛えたい語彙力

　二つ以上の言葉が結びついて、意味のある一つの言葉になったものを複合語といいます。複合語は、結びついている一つ一つの言葉の意味を理解するだけでなく、複合語という新たな言葉を理解することにもつながります。一つ一つの言葉の意味を振り返りながら複合語をつくる学習を通して、語句の構成や読み方の変化についての理解を深めていきます。

## ●活動の手順

### ①どんな言葉になるかな（1分）

　教師が複合語の例を紹介します。児童に発表させてもらいでしょう。

　T　「見る」と「学ぶ」が組み合わさるとどんな複合語ができますか。

　C　「見学」です。

### ②問題を解こう（3分）

　ただ書くだけでなく、言葉の意味、送り仮名や読み方の変化についても意識するよう声かけをします。

### ③他にもあるかな（1分）

　答え合わせの後、他にも児童が知っている複合語があれば発表させます。

組　名前

★　次の二つの言葉をつなげて、できた複合語を□に書きましょう。
また、できた複合語の読み方も書きましょう。

例　手＋動かす　→　手動

① 深い＋海　→
（　　　　　　　　　　）

② 思う＋考える　→
（　　　　　　　　　　）

③ 進む＋化ける　→
（　　　　　　　　　　）

④ 細い＋長い　→
（　　　　　　　　　　）

⑤ 成る＋立つ　→
（　　　　　　　　　　）

# ⑫ 画数に気をつけよう

> 所要時間　５分
> 使用場面　五年生の配当漢字を学習し終えた後。

## ●この活動で鍛えたい語彙力

　五年生までの漢字を学習し終えると、小学校段階の配当漢字の学習の八割は終えたことになります。見方を変えれば、それまでに学習した漢字が、全て六年生の学習につながっていくということです。そこで今回は、画数を正しく理解できているか、最高学年になる前にもう一度確認する学習としました。漢字の画数を正しく理解し、六年生の学習に自信をもって臨めるようにします。

## ●活動の手順

### ①画数を間違えやすい漢字（一分）

　教師が既習の漢字の中から、画数を間違えやすいものを紹介します。

### ②問題を解こう（四分）

　Ｔ　指でなぞって、確認してから画数を書きましょう。

# 12 画数に気をつけよう

組　名前

★ 画数を正しく覚えることは、漢字をきれいに書くことにもつながります。次の漢字の画数を書きましょう。

① 弱 → □画

② 印 → □画

③ 街 → □画

④ 際 → □画

⑤ 貴 → □画

⑥ 護 → □画

⑦ 弟 → □画

⑧ 近 → □画

⑨ 港 → □画

⑩ 引 → □画

6年　教材名：なし

# ① 五年生までに習った漢字

所要時間　10分
使用場面　六年生の国語の学習始めや朝学習の時間。

## ● この活動で鍛えたい語彙力

　五年生までに学習した漢字の中から、間違えやすい漢字を取り上げました。もちろん、児童の実態に合わせて、他の漢字を取り上げられると、より効果的です。最終学年の学習を始める前に、一度立ち止まって正しい漢字を確認することで、漢字の学習くの取り組み方を、一人一人の心の中に確かにもたせられたらというです。

## ● 活動の手順

### ①これまでの漢字学習を振り返って（3分）

　これまでの漢字学習を振り返って感じたことを発表します。

　T　これまでの漢字の学習を振り返って、どんなことを思いますか。

　C　画数がだんだん増えて、難しくなりました。

　C　同じ読み方の漢字もたくさん出てきました。

　T　今日は、六年生の漢字学習を始めるために、心の準備をしましょう。

### ②問題を解こう（7分）

　問題を解き、答え合わせをした後、他にも書き方を間違えやすい漢字はないか、送り仮名を間違えやすい漢字はないか、考え、発表します。教師はその都度、板書をします。

# 五年生で習った漢字 [1]

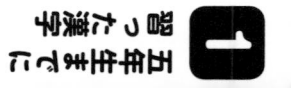

組　　名前

★　次は五年生で習った漢字の問題です。□には漢字、（ ）には書き方や送りがなを書きましょう。

①　車で　□　する。
　　　　（おうふく）

②　□　の大木を…する。
　　（ほご）

③　□　をもとめる。
　（さんせい）

④　□　がわへ。
　（　　）

⑤　□　して、町を守る。
　（せんし）

⑥　（　　　　）風がふく。
　　（つめたい）

⑦　池の水を（　　　）。
　　　　　　（あびる）

⑧　（　　　　）ながら、約束を守る。
　　（はたらき）

⑨　お店を（　　　）。
　　　　　（いとなむ）

⑩　答えを（　　　）。
　　　　　（たしかめる）

**6年　教材名：学級討論会をしよう**

# ❷ 学級討論会の進め方

| 所要時間 | 8分 |
| 使用場面 | 学級討論会の進め方を確認した後や、学習を終えるとき。 |

## ● この活動で鍛えたい語彙力

　学級討論会にテーマを絞って漢字を学習し、場面に合わせて使う言葉があることを理解させていきます。また、場面に合った言葉を使うことが、言葉の力をより確かなものにすることを自覚させるようにします。言葉と実際の討論会の場を結びつけながら学習を進めるようにすることが大切です。

## ● 活動の手順

### ①問題を解こう（3分）

　前後の文に気をつけながら問題を解くよう声かけをします。

### ②討論会の進め方の理解（5分）

　答え合わせをしながら、一つひとつの言葉の意味を確認します。

　T　主張とは、どういう意味ですか。

　C　自分の意見ということです。

　T　それだけでいいですか。ただ言うだけでいいですか。

　C　自分の思うことをより伝わるように、わかりやすく、伝わりやすい内容にする必要があります。

　他の言葉についてもやりとりしながら、言葉の意味を考えていきます。

**2** 学級討論会の進め方

組　名前

★ 次は、ある学級の討論会の進め方を説明した文です。

□に漢字を書きましょう。

① 　　　　だちば　　　　ごとの　　　　りゆう　　　　を考える。

② 進め方を確かめ、　　　しかい　　　する。

③ 初めの　　　しゅちょう　　　をする。

④ 　　　しつぎおうとう　　　をする。

⑤ グループを交代し、③と④をくり返す。

⑥ 最後のしゅちょうをする。

⑦ 聞いた人が、　　　せつとくりよく　　　のあったグループを

発表する。

135

**6**年　教材名：漢字の形と音・意味

# **3** 同じ部分で同じ音の漢字

所要時間　7分
使用場面　漢字の部首についての学習をしたとき。

## ● この活動で鍛えたい語彙力

　漢字の部分や部首についての学習です。高学年では、漢字の書き方、読み方だけでなく、日本古来から伝わる漢字を構成などの視点から見る力を伸ばし、漢字くの興味や理解をより確かなものにする必要があります。同じ音の漢字を部分や部首に注目しながら書いていくことで、漢字の構成の特徴について理解し、また、言葉の意味についても理解を深められるようにしていきます。

## ● 活動の手順

### ①同じ部分をもつ同じ音の漢字（1分）

　同じ部分をもつ同じ音の漢字があることを、全体で確認します。

### ②問題を解いて（3分）

　早く終わった児童には、他にも同じような漢字がないか考えるよう、教師が声かけをします。

### ③他にはあるかな（3分）

　答え合わせをした後、他に同じような漢字がないか、考え、発表します。

★ 次の漢字で音を表す部分に○をつけましょう。
　また、下の□の中に同じ部分と同じ音をもつ他の漢字を書きましょう。

（例）詞 ⇒ 　司゛飼

① 静（セイ） ⇒

② 側（ソク） ⇒

③ 持（ジ） ⇒

④ 庁（チョウ） ⇒

⑤ 版（ハン） ⇒

137

# 4 回し間ちがえた意味をもつ漢字

6年 教材名：漢字の形と音・意味

所要時間　1時間
使用場面　漢字
区分　6分
漢字の音を意味をつかむ学習後。

## ●この活動で鍛えたい語彙力

漢字の読み書きについての学習は、回し間違いが多いものです。今回の活動では、漢字の音訓と意味を確認して、より理解を深くのできるようにしています。

前回同じような目を向けた二つの漢字が共通して持つ意味を確認して、漢字の音や意味を捉えながら、より効果的な漢字学習ができるようになるように、それぞれの漢字が持つ意味を注目します。

問われた以外の漢字が持つ意味を捉えることで、漢字の意味がより深くつながるようにしていく問題です。

## ●活動の手順

### ① 回し間ちがえた意味の漢字（一分）

同じ読みをもつ漢字十二で、共通な意味がいくつか体から確認します。

### ② 問題を解いう（2分）

同じ後ろしている児童に、同じ回のついていない漢字がどうか考えたら、問題を解いていきます。

### ③ 友だちの問題を解いう（3分）

既習の漢字を使った一問一答の問題を児童が作成して、問題を出し合えます。注目した漢字を使用して問題を作る場合もあれば、教師が近回り出した問題を出していきます。

★ 上の漢字の部首名と意味を線で結びましょう。

| ① 持 | ・ |

・ ⑦ てへん ・ ・ ⑰ 手や手の動作に関わる漢字に使われる。

| ② 臓 | ・ |

・ ① くさかんむり ・ ・ ⑯ 草花に関する漢字に使われる。

| ③ 茶 | ・ |

| ④ 都 | ・ |

・ ⑰ おおざと ・ ・ ⑦ 人の住む場所や名前に関する漢字に使われる。

| ⑤ 腸 | ・ |

・ ① にくづき ・ ・ ⑰ 体や肉に関する漢字に使われる。

| ⑥ 授 | ・ |

**6**年　教材名：やまなし

## ⑤ 物語に出てくる漢字

> 所要時間　8分
> 使用場面　「やまなし」の新出漢字を学習した後や、「やまなし」の学習後。

### ● この活動で鍛えたい語彙力

　「やまなし」に出てくる漢字の学習です。自然の情景に関する言葉が多く出てくるお話なので、漢字もそれに関するものが多いです。書き方や読み方を正しく覚えることが、豊かな文章表現にもつながるでしょう。ただ問題を解くだけでなく、同じ漢字を使って別の文をつくる活動もすることで、より語彙の広がりも期待できます。

### ● 活動の手順

#### ①どんな物語かな（一分）

　「やまなし」のお話の内容や、どんな言葉が多く出てくるかを振り返ります。

#### ②問題を解いて（4分）

　前後の文をよく読むこと、とめ、はね、はらいに気をつけることなどについて声かけをします。

#### ③他の文をつくって（3分）

　答え合わせをした後、プリントの裏に同じ漢字を使って文を書き、友達と見せ合ったり、発表したりします。

**5** 物語に出てくる漢字

（一）□に漢字を書きましょう。〜〜は、送りがなも書きましょう。

① 本を［らんどく］する。

② ［ゆめ］を見る。

③ マンゴーの実が［じゅくす］。

④ 木の［ぼう］を拾う。

⑤ 服が［やぶれる］。

（二）次の〜〜の漢字の読みがなを書きましょう。

① 青白い光を見る。　　　　　　　　　　（　　　　　　　）

② 腹をかかえて笑う。　　　　　　　　　（　　　　　　　）

③ ステーキを五枚買う。　　　　　　　　（　　　　　　　）

④ 雨が降る。　　　　　　　　　　　　　（　　　　　　　）

⑤ なりふり構わず働く。　　　　　　　　（　　　　　　　）

⑥ 日光に照らされる。　　　　　　　　　（　　　　　　　）

6年　教材名：熟語の成り立ち

## ⑥　この熟語の成り立ちは？

所要時間　8分
使用場面　熟語の成り立ちについて学習したとき。

## ● この活動で鍛えたい語彙力

　熟語の成り立ちについての問題です。字数の多い熟語に出合う機会が多くなってきた段階だからこそ、言葉の意味を正しく理解するために熟語の成り立ちについて理解することが大切です。どんな言葉がつくか、どこで切れるかを考えることが、漢字の理解にとどまらず、語彙を豊かにすることにつながるでしょう。

## ● 活動の手順

### ①熟語の成り立ち（2分）

　熟語の成り立ちには、いくつかの種類があることを理解させます。

　T　「不規則」という熟語があります。どこで言葉が切れますか。

　C　「不」というのが打ち消しの意味だから、「不」と「規則」に切れます。

### ②問題を解いて（3分）

　言葉の意味に目を向けて考えるように、教師が声かけをします。

### ③他にはあるかな（3分）

　答え合わせをした後、他に同じような成り立ちの熟語がないか考え、発表します。

　C　「高速道路」は「高速」と「道路」に分けられます。

**6** この熟語の成り立ちは？

組　名前

（一）下の語を打ち消すために、□に入る一字を書きましょう。

（例）未成年

① □気力　④ □制限　⑦ □科学

② □公式　⑤ □関心

③ □解決　⑥ □完成

（二）次の熟語は、いくつかの語から成り立っています。切れる場所に／を書きましょう。

（例）各駅／停車

① 役割分担　⑤ 入居予定日

② 登場人物　⑥ 防災訓練

③ 飛行機雲　⑦ 保健委員会

④ 各駅停車

# 7 反対の意味の熟語

6年　教材名：なし

所要時間　8分
使用場面　対義語について学習した後。

## ●この活動で鍛えたい語彙力

対義語についての問題を解いていきます。対義語を理解し、反対の意味をもつ言葉を覚え、言葉の使い方が身につきます。日頃使っている言葉は使えますが、あまり使わない熟語のこともあります。

## ●活動の手順

### ①反対の意味の言葉（1分）

T 「上がる」の反対は何ですか。
C 「下がる」です。
T では、「開ける」の反対は何ですか。
C 「閉める」です。
T 今日は、こうした簡単なものから、今日は少し難しい問題を解きます。

### ②問題を解く（5分）

意味を考えながら解いていきます。

### ③答え合わせ（2分）

答えがわかった後、使い方などの対義語などについても考え、発表します。

# 反対の意味の熟語

組　名前

★ 反対の意味の熟語になるように、□に漢字を書きましょう。

① みらい

□ → ⇕

かこ

② しんぽ

□ → ⇕

こうたい

③ だんじゅん

□ → ⇕

ふくざつ

④ らくかんてき

□ → ⇕

ひかんてき

⑤ しゅっせきばんごう

□ → ⇕

けっせきばんごう

⑥ りそうてき

□ → ⇕

げんじつてき

# ❽ 漢字を正しく使おう

---

所要時間　4分
使用場面　小学校の配当漢字をすべて学習した後。

---

## ● この活動で鍛えたい語彙力

　同音異義語のうち、特に間違いが多いものを取り上げました。間違いを防ぐためには、読み方、書き方だけでなく、その漢字の意味についても理解することが大切です。前後の文にも注意しながら、文脈に合った漢字に書き直す活動を通して、小学生段階の集大成として、文章の中で漢字を正しく書く力を確実なものにしていきます。

## ● 活動の手順

### ①どこが違う？（一分）

　教師が間違った熟語を使った文章を提示します。

T　「以外が真実におどろく」どこが間違っています。
　　違っところと意味を説明してください。

C　「以外」だと、そのほかという意味になってしまいます。

### ②問題を解こう（3分）

　意味を考えながら解くよう声かけをします。

組　名前

★ 次の文の〜〜部分は、まちがった漢字を書いています。まちがった部分を書き直し、下の□には、〜〜部分をすべて書き直しましょう。

（例）親友と再開する。　| 再会 |

① テストの回答用紙を配る。

② 風景をスケッチブックに移す。

③ 市民会館で公園会が開かれる。

④ はっていたボタンが敗れる。

⑤ 選挙で、正当の意見を聞く。

⑥ 会う機械をのがす。

⑦ けがを早く直す。

⑧ 絶対絶命のピンチになる。

**6年　教材名：なし**

## ❾ 社会科の学習に出てくる漢字

> 所要時間　8分
> 使用場面　配当漢字をすべて学習した後。年度末の社会科の学習の振り返り。

## ●この活動で鍛えたい語彙力

　教科横断的な視点を取り入れ、社会科の学習に出てくる漢字を取り上げます。小学校の学習もまとめの時期を迎えたからこそ、漢字を広い視野で見ることが大切です。教科横断的な視点で学習をすることで、漢字が様々な場面で活用できることを実感させるとともに、語彙を豊富にしていきます。

## ●活動の手順

### ①社会科に出てくる漢字（2分）

　　T　漢字は社会科でも使いますね。

　　C　教科書にたくさんのっています。

　　C　習う内容によって出てくる言葉も違います。

　どんな場面で漢字を使うか、広い視野をもって考えます。

### ②問題を解こう（4分）

　社会科の学習を振り返りながら問題を解くよう、声かけをします。

### ③他にもあるかな（2分）

　答え合わせの後、他教科でも使う漢字を考え、発表させます。

# 9 社会科の学習に出てくる漢字

★ 次の漢字は、社会科の学習に関するものです。読みがなを見て、□に漢字を書きましょう。

① 文明 〔かいか〕 □□ が始まる。

② 〔じゅうこう〕 □□ 体制になる。

③ 江戸 〔ばくふ〕 □□ を開く。

④ 〔きぞく〕 □□ の文化が栄える。

⑤ 〔じたい〕 □□ をまぬかのぼる。

⑥ 〔きんぎんぎょう〕 □□ で有名な町。

⑦ 〔せんじか〕 □□ になる。

⑧ 〔いさんかん〕 □□ に出かける。

⑨ 国会 〔ぎじどう〕 □□ に行く。

⑩ 〔ほうりつ〕 □□ を作る。

6年　教材名：なし

# ⑩ 理科に出てくる漢字

所要時間　8分
使用場面　配当漢字すべての学習後。年度末に理科の学習を振り返るとき。

## ● この活動で鍛えたい語彙力

　前回に引き続き、教科横断の視点で漢字を学習します。今回は、理科の授業の中で使われる漢字についての問題を解くことで、場面に応じた使い方があること、漢字にそれぞれ意味やはたらきがあることを理解し、正しく使う力を伸ばしていきます。また、学習したことをノートやワークシートを書く際に生かすことで、文章の中で漢字を使う力も伸ばしていきます。

## ● 活動の手順

### ①どんな漢字があるかな？（2分）

　理科の学習の中で使う漢字を児童が発表します。これまでの理科の学習を振り返り、どんな場面で使ったのかも思い出せるよう声かけをします。

### ②問題を解いこう（4分）

　理科の学習を振り返りながら問題を解くよう声かけをします。

### ③他にもあるかな（2分）

　答え合わせをした後、他にも理科で使う漢字を児童が思いついけば発表させます。教師はこれからもそれらの漢字を使っていくよう、声かけをします。

組　名前

★　次の漢字は、理科の学習に関するものです。
□に漢字を書きましょう。

① じしゃく 〔　　　〕 がつく。

② オブラの かんさつ 〔　　　〕。

③ じっけん 〔　　　〕 を準備する。

④ 電源 そうち 〔　　　〕 を使う。

⑤ すいじょうき 〔　　　〕 が発生する。

⑥ ひょうほん 〔　　　〕 を集める。

⑦ 骨と きんにく 〔　　　〕。

⑧ けんさ 〔　　　〕 をしましょう。

⑨ ちそう 〔　　　〕 の断面。

⑩ さんそ 〔　　　〕 を吸う。

**6**年　教材名：なし

# **11** 正しい送りがな

> 所要時間　5分
> 使用場面　六年の漢字の学習を終えるころ。

## ●この活動で鍛えたい語彙力

　送り仮名についての学習です。既習の漢字が増えていくと、間違いが多くなることの一つに送り仮名があります。読み慣れているからいいと、書くことが疎かになると考えられるので、今回はあえて低・中学年段階の間違えやすい漢字を扱い、確実に送り仮名について理解できるようにしました。正しい送り仮名を理解することで、訓読みの特徴についての意識を高めていらえます。

## ●活動の手順

### ①こんな間違い（一分）

　今まで教師が見つけた送り仮名の間違いを紹介します。

　Ｔ　「暖かい」と「暖い」、どちらが正しいでしょうか。

### ②問題を解こう（三分）

　これまで学習したことを思い出しながら解くよう声かけをします。

### ③こんな漢字は気をつけよう（一分）

　答え合わせをした後、他にも間違えた経験がないかを想起させ、児童に発表させます。

組　名前

★　次の漢字の中に、送りがなにまちがいがあるものが五つあります。
その漢字を○で囲み、□の中に正しく書き直しましょう。

・新らしい

・営む

□

・決よい

・疑がう

□

・積もる

・分ける

□

・預る

・燃える

□

・危い

□

# 12 贈る言葉

6年
教材名：なし

| 所要時間 | 8分 |
| --- | --- |
| 使用場面 | 小学校の国語の授業を終えるとき、卒業式の前など。 |

## ●この活動で鍛えたい語彙力

卒業を控えた児童に、国語の授業の仕上げとして、漢字を贈る活動です。小学校ではたくさんの漢字を学習し、漢字の意味を理解できるようになってきました。小学校生活を振り返りながら、様々な場面で学んだ漢字の意味を改めて考え、その漢字を学習した頃のことを思い出します。新しく漢字を覚えるのではなく、これまでに学んだ漢字を確認し、漢字の持つ意味を改めて図るための文章です。漢字を使った、児童一人一人の道具としての語彙力を広げていくことがねらいです。また、言葉へのこだわり（センス）をもつことで、豊かな文章表現ができるようになります。言葉への感覚を磨いていくことで、言葉を大切にする心を育てていきましょう。

## ●活動の手順

**①国語の授業を振り返る（2分）**

これまでどんなことを学習してきたか、どんな国語の授業があったか、ということを児童に振り返らせます。

**②問題を解く（3分）**

文章をよく読みながら、問題を解くように、教師が声かけをします。

**③贈る言葉を読み返す（3分）**

然るべき言葉を読み返します。その後、感じたことを発表し、小学校からの国語の授業の様々な面白い場面を振り返ったりします。

★ □に入る漢字を書きましょう。

そつぎょう
□ おめでとうございます。

桜の花に迎えられた にゅうがくしき □ から、あっという間の

六年間だったと思います。これから多くの と お □ にもし

こく皆さんに ことば □ を送ります。

皆さんは しょうがっこう □ で多くの新しい がくしゅう □ をして

ました。それは、手にして終わりのものではなく、これから

走り続けるための どうぐ □ です。つまり使い方は

じぶん □ で考えなければいけません。

皆さんが思うよりも、世の中はずっとおもしろい。

せっきょくてき □ に自分の世界を広げていく前向きな

しせい □ をいつも持ち続けることを願っています。

# ワークの解答

## 【1年】

**1** ①一 ②二 ③三 ④五 **2** ⑥六 ⑦七 ⑧九 ⑩十 **3** ①青空 ②てん ③男子 ④おお ⑤女 **4** ①学校 ②青 ③四 ④小 ⑤手 ⑥空 **5** ①川 ②林 ③森 ④山 ⑤手 **6** (一)①むいか ②よっか ③ようか (二)①九日 ②一日 ③一日 (三)①さんがつみっか・ひなまつり ②にがつここのか・じどうの日 ③いちがつなのか・たなばた

**7** ①かね (例)金ぎょ ②ひ (例)火よう日 ③げつ (例)月見 ④つち (例)土よう日 **8** ①田・田 ②右・石 ③日・目 ④貝・見 ⑤人・入 **9** ①田・青・赤 ②手・足・口・耳 ③三・五・六・八 **10** ①じゅう→う→えん ②あお→おと→→りつ ③なか→から→いと ④むし→したたけ ⑤やま→まち→ちから **11** ①四月 ②小学校 ③一年生 ④六月 ⑤雨 ⑥足 ⑦十一月 ⑧森 ⑨虫 ⑩男 ⑪女 **12** 教科書等を参照

## 【2年】

**1** (一)①一 ②二 ③三 ④五 ⑥六 ⑦七 ⑧九 ⑩十 (二)①五 ⑦七 ⑨九 ②さん・七 **2** 春・花 海・夏 冬・雪 北風・秋 **3** (一)①見 ②目 ③貝 (二)①書 ②昼 ③言 **4** (一)①牛 ②糸 (二)①(例)白・早 ②(例)語・読 **5** (一)おん・おと (二)け・き (三)から・そら (四)たい・からだ (五)は・い **6** ①絵②音 ③林 ④晴 ⑤鳴 ⑥組 **7** (一)①手紙 ②時間 ③親友 ④毎日 ⑤帰 (二)①なに ②こえ ③まえ **8** ①よ・どく ②かたち・けい ③おお・たい・だい ④なん・なに ⑤おん・おと ⑥が・つき・げつ **9** 教科書等を参照 **10** ①牛・馬・鳥・犬 ②兄・妹・父・姉 ③西・北・東・南 **11** ①音読→読書 ②社会→会場 ③黄色→色紙 ④公園→

園長 ⑤毎日→日記 ⑫ ①長さ ②大きかった ③形 ④黄色い ⑤小さ
い

## 【3年】

**1** ①漢字、意味、方 ②五十音 ③音、後、音、音、後、半、音、番
**2** (一)①草→音 ソウ 訓 くさ ②友→音 ユウ 訓 とも ③心→
音 シン 訓 こころ ④車→音 シャ 訓 くるま (二)音(例)遠足
に行く。訓(例)海は遠い。 **3** ①海 ②岩場 ③貝 ④魚 ⑤小学校
⑥夜 ⑦花火 ⑧天気 **4** ①しんりん ②みどりいろ ③ちゅう ④し
んすいこうえん ⑤かわあそ ⑥登山 ⑦里山 ⑧空 ⑨夜明 ⑩星 **5**
①会 ②指名、自分、理由 ③意見 ④反対 ⑤発表 **6** (一)①絵、
紙、線、組、細、級、終、緑、練など。②池、海、泳、汽、漢、泳、湖、
港、消など。(二)歌 次 朝 期 数 教 **7** (一)①かぞ ②いう
えん ③あつ ④あと ⑤くや ⑥おとうさん (二)①追 ②両手 ③血
④深 ⑤寒 **8** ①新、親 ②様、洋 ③普、温 ④園、円 ⑤天、店
⑥板、番 ⑦問、門 ⑧商、小 **9** ①小さい→大きい ②少ない→多い
③明るい→暗い ④終わる→始まる ⑤新しい→古い ⑥短い→長い **10**
①坂道 ②湯 ③真夜中 ④神様 ⑤医者 ⑥鼻水 ⑦薬箱 ⑧祭 ⑨弱虫
⑩気 **11** ①暑、寒・⑦ ②落・⑦ ③橋・⑦ ④歩・⑦ ⑤旅・⑤
**12** ①洋→陽 ②進→新 ③名→命 ④話→放 ⑤速→早

## 【4年】

**1** (一)①菜、花 ②信号 ③野原 ④運転手 ⑤緑色 (二)①開ける
②落ちる ③四角い ④通り ⑤取り出す **2** ①近道、通学、遠足、運
転 ②絵筆、花火、雨雲、野菜、木箱、雪国 ③国外、時間、公園、図面、
開始 ④感動、熱意、黒板 **3** (一)①十 ②四 ③十一 ④九 ⑤十
二 ⑥七 (二)①音→セン 訓→ゆき ②音→ナイ 訓→うち ③音→サ
ン 訓→やま ④音→ど 訓→うし ⑤音→チョウ 訓→なが ⑥音→シ
ャ 訓→くるま ⑦音→カイ 訓→うみ ⑧音→カイ 訓→かる **4**
(一)(コ)のなかま→語 後 千 (ウ)のなかま→想 草 (キョウ)の

なかま→強・教・京（チョウ）のなかま→朝・調・帳（二）（七画の漢字）
→作・何・来・見・返・男（九画の漢字）→前・風・招・計（十一画の漢
字）→船・終・黒・笛　⑤①最初　②汽車　③勇　④兵隊　⑤戦争　⑥
ひりつも　⑦いちりん　⑧はらっちゅう　⑨つつ　⑩りょうて　⑥①
（公）園→遠足→速（度）　②（気）分→文章→勝（敗）　③（建）国→黒板
→番（号）　⑦①口・次・⑦　②短・⑦　③気・合・⑦　④虫・殺・㊉
⑤心・㊀　⑧①最少　さいしょう　②明暗　めいあん　③温水　おんす
い　④出国　しゅっこく　⑤上下　じょうげ　⑥運転　うんてん　⑦開店
かいてん　⑧美人　びじん　⑨行進　こうしん（※「進行　しんこう」でも
可）⑩苦楽　くらく　⑨①機械・機会　②時点・辞典　③建てる・立つ
④小数・少数　⑤空ける・明ける　⑩①静岡県　②東京都　③福岡県
④北海道　⑤高知県　⑥島根県　⑦沖縄県　⑧大阪府　⑨新潟県　⑩熊本県
⑪春・節分　せつぶん・夏・ねったいや・海水浴・秋・しんまい・運動
会・冬・年賀　ゆきがっせん　⑫①借　②伝記　③司書　④百科事典
⑤自然科学　⑥分類

【５年】
❶①じゅじてん　②おんくん　③ひつじゅん　④せつめいぶん　⑤しゅ
じ　⑥画数　⑦読書感想文　⑧音読発表会　⑨意見　⑩登場人物　❷
（一）①キ　音→義　意味→言　②ドウ　音→同　意味→金　③コウ　音→
文　意味→木　（二）①働　ドウ　②積　セキ　③板　バン　❸①官
カン　②早　ソウ　③果　カ　④氏　シ　⑤周　シュウ　⑥青　セイ　⑦反
ハン　⑧門　モン　⑨司　シ　⑩交　コウ　❹①山・手・火　②土・三
③森・鳴・明　④神・時　❺①新聞名　②目次　③広告　④見出し　⑤
本文　⑥天気予報　❻①とけい　②やおや　③たなばた　④めがね　⑤
かわら　⑥くだもの　⑦まよう　❼①競馬　けいば　競技　きょうぎ
競走　きょうそう　競泳　きょうえい　②力説　りきせつ　力量　りきりょ
う　水力　すいりょく　実力　じつりょく　③未読　みどく　読書　どくし
ょ　解読　かいどく　音読　おんどく　❽①指導　②危険　③油断　④

率いる　⑤態勢　⑥頭領　⑦引っ張る　⑧左右　⑨会心　⑩快い　**9**
(一)①時間を計る、きょりを測る　②競技会に出場する、協議会に出席する　③機会をうかがう、機械を動かす　④お湯が熱い、本が厚い　(二)①はいしゃ　②てんか　③こうじょう　④じしん　⑤かんしん　**10**　①想像　②登場人物　③構成　④情景　⑤下書　⑥清書　⑦短編集　**11**　①深海、しんかい　②思考、しこう　③進化、しんか　④細長い、ほそながい　⑤成立、せいりつなど　**12**　①十　②六　③十二　④十四　⑤十二　⑥二十　⑦七　⑧七　⑨十二　⑩四

## 【6年】

**1**　①往復　②保護　③成績表　④興味　⑤職務　⑥快い　⑦治る　⑧必ず　⑨営む　⑩確かめる　**2**　①立場、理由　②準備　③主張　④質疑応答　⑦説得力　**3**　①青、清など　②則、測など　③寺、時など　④丁、丁など　⑤反、飯など　**4**　①(イ)、(カ)　②(エ)、(ウ)　③(ア)、(キ)　④(オ)、(ウ)　⑤(エ)、(ウ)　⑥(イ)、(カ)　**5**　(一)①朗読　②夢　③熱す　④棒　⑤縮む　(二)①おさじる　②はら　③じまい　④ふ　⑤かま　⑥こうつう　**6**　(一)①無　②非　③未　④無　⑤無　⑥未　⑦非　(二)①役割/分担　②登場/人物　③飛行機/雲　④名駅/停車　⑤入居/予定/日　⑥防災/訓練　⑦保健/委員/会　**7**　①未来↔過去　②進歩↔後退　③単純↔複雑　④楽観的↔悲観的　⑤消極的↔積極的　⑥理想的↔現実的　**8**　①解答　②写す　③講演会　④破れる　⑤政党　⑥機会　⑦治す　⑧絶体　**9**　①開化　②独裁　③幕府　④貴族、時代　⑥漁業　⑦政治家　⑧公民館　⑨議事堂　⑩法律　**10**　①磁石　②観察　③実験　④装置　⑤水蒸気　⑥砂鉄　⑦筋肉　⑧劇薬　⑨地層　⑩酸素　**11**　新しい、快い、疑う、預かる、危ない　**12**　卒業、入学式、出会、言葉、小学校、学習、道具、自分、積極的、姿勢

【著者紹介】
赤堀　貴彦（あかほり　たかひこ）
東京都公立小学校主任教諭。1984年、静岡県生まれ。都留文科
大学文学部国文学科卒業。

〔表紙デザイン〕IT Design Studio

授業で使える！語彙力アップ！
小学校国語　漢字・熟語ワーク

2020年2月初版第1刷刊 ©著者　赤　堀　貴　彦
　　　　　　　　　　　　発行者　藤　原　光　政
　　　　　　　　　　　　発行所　明治図書出版株式会社
　　　　　　　　　　　　　　　　http://www.meijitosho.co.jp
　　　　　　　　　　　　　　　　(企画)赤木恭平(校正)(株)APERTO
　　　　〒114-0023　東京都北区滝野川7-46-1
　　　　　　振替00160-5-151318　電話03(5907)6702
　　　　　　　　　　　　　　　　ご注文窓口　電話03(5907)6668

　　　　　　　　　　　　組版所　中　央　美　版
＊検印省略
本書の無断コピーは、著作権・出版権にふれます。ご注意ください。

教材部分は、学校の授業過程での使用に限り、複製することができます。

Printed in Japan
ISBN978-4-18-260128-6

もれなくクーポンがもらえる！読者アンケートはこちらから→